レヴィナスにおける身体の問題 I

「ヒトラー主義哲学に関する若干の考察」から『時間と他者』まで

庭田茂吉◉著

萌書房

目次

レヴィナスにおける身体の問題 I

——「ヒトラー主義哲学に関する若干の考察」から『時間と他者』まで——

第一章　吐き気からイポスターズへ

レヴィナスにおいて、「存在からの脱出」というテーマが最初に形を取ったのは、戦前を代表するエッセイ、一九三五年の「逃走について」である。ここでレヴィナスは、彼自身類例を見ない試みと呼ぶ、「存在の同一性」からの、すなわち「自我と自己との同一性」からの脱出を「逃走（évasion）」という概念で表現し、その脱出の可能性を身体の諸感情、とりわけ吐き気に求める。

しかし、なぜ、身体の諸感情だったのか。なぜ、この脱出の道が模索されたのか。まず、これが本書の最初の問題である。結局、この試みは失敗に終わる。そこで、第二次世界大戦をはさんで、新たに求められたのが「イポスターズ」の道であった。このレヴィナス独自の概念の狙いは、常に既に実存者の実存でしかない、実存と実存者との結合を意図的に分離し、いわばこの思考実験において、実存者なき実存にいかにして実存者が出現するかを問うことにある。その結果、レヴィナスは、存在の同一性に帰着することのない、他人への関係と時間とを見出した。(1) しかし、この新しい道において、「逃走について」において取り上げられた身体の諸感情の問題、もっと一般的に言って、身体の問題はどうなったのであろうか。そして、これが本章での二つ目の問題である。

実は、レヴィナスにおいて身体の問題が彼自身の課題として初めて現われたのは、「逃走について」の前年に発表された、「ヒトラー主義哲学に関する若干の考察」である。したがって、今述べた、身体に関する二つの問いをめぐるわれわれの論述は、以下のようになる。まず、この、一九三四年のヒトラー主義哲学に関する論考を取り上げ、レヴィナスにおける身体の問題の始まりを見る。次に、「逃走について」において、「存在からの脱出」のテーマを確認し、諸々の欲求の分析による、とりわけ「吐き気」による逃走の道を検討する。そして最後に、戦後の最初の作品である『実存から実存者へ』において、「イポスターズ」の問題の検討によって、前期レヴィナスの身体論の意義について触れる。

以上の論述から、われわれは次のような結論に到る。レヴィナスにおける「吐き気」から「イポスターズ」への展開は、意識の誕生でもある「定位の出来事そのもの」としての身体という新たな身体概念へと到る道でもあったという点で非常に重要である。そしてまた、この「場所」、「ここ」、そして「土台」などによって規定される、「始まりの始まり」でもある身体は、意識と身体との関係の問題をはじめとして、メーヌ・ド・ビランが見逃した努力概念やハイデガー的な「脱自」とは異なる「自己への折り返し」としての存在の概念の提示に見られるように、後年のレヴィナス哲学の展開においてだけではなく、哲学の基本的な問題の捉え直しという観点から見ても、看過しえない重大な意義をもつと言えるだろう。

一

最初に、「ヒトラー主義哲学に関する若干の考察」を取り上げ、レヴィナスにおいて身体の問題がどのような仕方で現われたかを見ていこう。それは決して偶然ではなかった。このエッセイは次の文章から始まる。「ヒトラーの哲学は、幼稚である。しかし、この哲学において消費される原始的な諸力は、基礎的な力の強化のもとでひどい大言壮語を炸裂させる。それらは、ドイツの魂の秘められたノスタルジーを目覚めさせる。ヒトラー主義は、伝染病とか狂気とかである以上に、基礎的諸感情の覚醒なのである」[2]。ここには、レヴィナスがヒトラーの哲学を取り上げる理由が明確に語られている。すなわち、レヴィナスはこの危険きわまりない人物の考え方に、「基礎的諸感情の覚醒（réveil des sentiments élémentaires）」を見たのである。この指摘は重要である。第二次大戦後ですら、ヒトラーの思想と行動を病や狂気によって説明する傾向が一部にあったことを思えば、レヴィナスの着目は注目に値する。問題はこれらの感情であって、伝染病でも狂気でもない。

レヴィナスのヒトラーに対する哲学的関心は、これらの基礎的感情が哲学を隠しもっている点に起因する。レヴィナスによれば、基礎的諸感情とは、「現実の総体と自分自身の運命に直面したときに取る魂の最初の態度(3)」として定義される。しかも、それらは、魂が世界において辿ることになる「冒険」の意味を予め示している。それゆえ、レヴィナスは、ヒトラー主義の哲学と、ヒトラー主義者たちの哲学とを区別する。言うまでもなく、前者にこそ問いかけなければならない。それは、「文明の諸原理そのものを問いただす」からである。この意味で、ヒトラーの哲学は、もっとも重要でかつ危険きわまりない哲学であり、われわれに対して哲学的な対決を迫るものなのである。したがって、この当時の対立する思想的諸潮流、キリスト教やリベラリズムであれ、人種差別主義であれ、それらを可能にする「源泉や直観や本源的決定にまで遡及し」、その全貌を明らかにしなければならない。このエッセイにおけるレヴィナスの試みとは、そのようなものであった。

予め種明かしをしておくと、実は、身体は、これらの思想的潮流の源泉、すなわち共通の根なのである。また、後に見るように、先にヒトラーの哲学を規定するものとして指摘した「基礎的諸感情」もまた、その起源を身体にもつ。それゆえ、このエッセイの主題は身体であり、別の言い方をすれば、精神が身体へと「鎖でつながれてあること（enchaînement）」としての自我と身体との「同一性の感情」なのである。もっと正確に言えば、「基礎的諸感情」とはこの精神と身体との同一性に起因する感情にほかならない。しかし、これはあくまでも事前の種明かしにすぎない。われわれは今からそれを明らかにしていかなければならない。

以上の序に当たる個所に続いて、レヴィナスは第一節の最初の文章において、ヨーロッパの文明にとって決定的な意味をもつ「自由」の問題に触れて次のように言う。「諸々の政治的自由は、ヨーロッパの文明にとって、人間の運命という考え方を意味する自由の精神の内容を汲み尽くすものではない。人間の運命とは、人間のもつ、世界と自分の行為を促す諸可能性とに対する絶対的自由の感情である。人間は、宇宙を前にして永遠に自己を更新する。そのことに限って言えば、人間は歴史をもたないのである[4]」。今問題は、この絶対的とも言われた自由および自由の感情である。確かに、人間の自由を制限するものは数多くある。しかし、レヴィナスによれば、制限するものが歴史であれ時間であれ、それにもかかわらず、人間は、「真の自由、真の始まり」をもつ。しかも、これを伝えたのは、ユダヤ教なのである。なるほど、「取り返すことのできないものを取り返すことの根本的不可能性の苦痛の表現」である「後悔」が教えるように、人間は失われた過去を取り戻すことはできないが、ユダヤ教は「赦し」においてそれが可能であると考える。その結果、「人間は現在において過去を変容し、消去するに足るものを見出す。時間はその不可逆性そのものを失う[5]」。かくして、人間は時間から解放され、自由を手にする。この考え方は、ギリシャの悲劇を経由してキリスト教に流れ込む。続けてレヴィナスは次のように言う。「キリスト教がもたらそうとのぞむ救済は、諸々の瞬間の流れが成し遂げる決定的なものを再び始め、現在に従属した過去、すなわち、常に問題にされ、常に問いに付される過去の絶対的矛盾を乗り越えるという約束によって価値をもつ[6]」。

一読して解るように、既にここで、後年レヴィナスによって問われることになる時間の問題、自由の問題が生々しい仕方で論じられている。もちろん、これらの問題の深刻さの度合いや理解の深度は十分とは言えないが、身体の問題の出発点に時間からの解放があったという点は見逃すことはできない。しかも、この解放は、精神による、正確には理性による解放であった。しかし、このような解放は可能なのだろうか。答えははっきりしているが、もう少しレヴィナスの文章に従って、ユダヤ＝キリスト教的な自由の問題を見ていこう。

「約束」によって獲得された自由とは、どのようなものか。レヴィナスによれば、それは一切の執着に対する魂の「無限の自由」である。それは常に新たに始めることができるという「更新の能力」であり、個人の究極的基底をなしている。それゆえ、世界の現実的歴史の生成変化にもかからず、また具体的人間が世界に身を置いているにもかかわらず、人間はこの魂の能力によって、「かつて在ったもの」から、自分が巻き込まれ自分がつながれていたものから、自分自身を解き放つことができる。

しかし、先の問いに戻って言うと、このような自己解放、このような自己離脱は可能ではない。ただし、この不可能性の主張は、依然として困難な課題に属する。例えば、この時代のリベラリズムは、これほどむき出しの形で解放や離脱を主張することはなかったが、「理性の至高の自由という形で」、その本質的な要素を維持している。今度は、理性を本質とする精神の自由が叫ばれる。近代の哲学的、政治的思想のどれもが、「具体的実存の野蛮な世界と避けることのできない歴史の外部に、精神の究極の基底を置いた」のである。こうして、近代の諸思想は、その根底において、ユダヤ＝キリスト教の自己解放としての自由の思想と結合することになる。もちろん、「自律」の考え方もこの例外ではない。一八世紀フランスの唯物論もまたこれを免れない。「物質がことごとく理性に浸透されているとき、マテリアリスムに何が残されているというのか(7)」。

しかし、例外がないわけではない。レヴィナスによれば、それは、限界はあるが、マルクス主義である。マルクス主義においては、人間の精神は物資的必要に憑かれている。ここでは、理性はもはや「目的の王国に属す純粋理性」ではあり得ない。レヴィナスにとってもまた、「存在が意識を規定する」のである。したがって、マルクス主義が問題にするのは、人間の精神の絶対的自由ではなく、人間の「具体的で奴隷化した実存」なのである。その意味で、それは、キリスト教と対立するだけではなく、観念論的なリベラリズムの全体とも対立する。レヴィナスが唯一マルクス主義を評価するのは、それが「ヨーロッパ文化の対極に立つか、あるいは少なくともその発展の調和的曲線を断ち切った(8)」からである。

このように、唯一例外として、マルクス主義を評価した後、レヴィナスの議論はその中心へと向かう。先にわれわれは限界という言い方をしたが、マルクス主義ではリベラリズムからの離反はやはり十分ではない。たとえマルクス主義が精神の「状況への不可避的関係」を言ったとしても、それは、この関係を、この精神が「鎖につながれてあること」を、ラディカルなものと捉えていないからである。それどころか、レヴィナスによれば、マルクスそれ自身も、困難な道とはいえ、社会的状況の自覚による、宿命論からの自己の解放を、いささかも疑うことはなかったのである。この程度であれば、「鎖でつながれてあること」が本質的なものであるとは到底言えないだろう。

それでは、レヴィナスから見て、中心にある問題とは何だったのだろうか。それは次の文章に表現されている。「ヨーロッパ的な人間観と真に対立する考え方が可能になるのは、人間が釘づけされている状況が、人間に付け加えられたというのではなく、その存在の基底そのものをなしている場合だけである。逆説的要求だが、われわれの身体の経験がこの要求を実現するように思われる[9]」。中心にあるのは、この「われわれの身体の経験」である。言い換えれば、われわれの身体の根本的経験はあの「鎖でつながれてあること」なのである。身体が在るというのは、その本質において、状況の内に在ることを意味する。ここでは、心身二元論も心身分離も問題にならない。レヴィナスが「われわれの身体の経験」によって発見したのは、「われわれの身体とわれわれ自身との同一性の感情[10]」である。しかしながら、これまでこのような「同一性の感情」が哲学的に規定されたことはなかった。それはあくまでも特殊な事例であり、特に「古典的解釈」においては、それは低い水準のもの、あるいは「乗り越えられるべき一段階」とみなされてきた。レヴィナスは次のように言う。「身体とは、単に、世界の残りのものよりもわれわれに近く、より親しいというだけではない。それは、単に、われわれの心理的生、われわれの気質、そしてわれわれの活動を支配しているだけではない。これらの通俗的了解を超えて、同一性の感情がある。われわれは、自我が成熟し、自己を身体から区別するようになるまさにそれ以前に、自分の身体のこの唯一無二の熱の中で自分自身を確立しているのではないだろうか。まさに知性の開花以前に、血が確立したこれらの絆は、どんな試練にも耐えるのではないだろうか[11]」。

ここまで来ると、われわれが種明かしという言い方で示した事柄が明らかになる。レヴィナスがヒトラー主義の哲学を取り上げるに足る十分な理由を見出したのは、この自我と身体との同一性の感情による。また、最初にわれわれが指摘した「基礎的諸感情」もまた、等しくこの同一性の感情を共通の根としてもつがゆえである。「血が確立したこれらの絆」という表現に注意しよう。今、ヒトラーが、ヨーロッパの文明の基底をなす、魂の、至高の精神の、純粋な理性の、あの自由の哲学に対して、血と人種と遺伝の思想が対決を挑んでいる。だからこそ、レヴィナスもまた、ヒトラー主義の哲学が依拠する「身体」を戦いの場として設定し、それを乗り越えるために別種の身体の哲学を試みたのである。言うまでもなく、出発点は、「鎖でつながれてあること」に基づく、自我と身体との「同一性の感情」である。

そのためにはまず、身体論についてのプロブレマティークを変更しなければならない。レヴィナスは、スポーツの練習や病の体験を例に取って、特に「苦痛」に関して慎重に議論を進め、われわれの存在の「分割できない単一性」という還元不可能な事実を発見し、そこから「身体の自我への密着がそれ自身によって価値をもつ[12]」と述べる。われわれはこの「密着」から逃れられないのであり、そこから生じる「自我と身体との同一性の感情」を精神と身体の問題の出発点と考えなければならない。その意味で、

「精神のいかなる本質も身体へと鎖でつながれてあることに存する」のであり、この事実を、この「身体の感情」を、「人間についての新しい考え方の基礎」に据える必要がある。そうなると、今度は、「身体がその謎めいた運搬者である、血の神秘的な声、遺伝と過去の呼びかけ」に精神や自我の自由をもって対決することは不可能になる。というのも、精神や自我の方が逆にそれらによって構成されているからである。レヴィナスは次のように言う。「人間の本質はもはや自由ではなく、一種の鎖でつながれてあることである。真に自己自身であるとは（中略）、反対に、われわれの身体に共通な、不可避の本源的な鎖でつながれてあることを自覚することである。それはとりわけこの鎖でつながれてあることを受け入れることなのである」[13]。

かくしてレヴィナスは、このような身体論のプロブレマティークの変更を経て、同一性の感情を出発点に据えることによって、「血と人種の論理」を掲げるヒトラー主義の哲学と共通の土俵に立つ。ヒトラー主義の哲学はもはや単なる稚拙な哲学などではない。それは、「普遍性の観念そのものの根本的変更」を迫る、観念の伝播に基づく「真理の普遍性」の哲学でもない。それは、力の伝播と拡張に基づく身体の哲学なのである。それゆえ、問題はまさしく「身体の感情」にある。しかし、この当時、レヴィナスのように、ヒトラー主義の哲学の本質を見抜き、こうした身体という共通の戦場で、それを乗り越えるために真正面から戦った者がどれほどいただろうか[14]。そのためには、ヒトラー主義の哲学とは別の仕方で、人間と社会との関係や人間と観念との関係や真理と普遍性との関係を、この「身体の感情」

から、この「鎖でつながれてあること」から、作り直さなければならない。しかし、この戦いは翌年のエッセイ「逃走について」に引き継がれる。今度は、「自我と身体との同一性の感情」そのものが審問にかけられ、そこから脱出の可能性が探究されるのである。

それにしても、なぜ、脱出なのか。自我と身体の分離であれば、元に戻ることになるのではないか。そうではない。自我と身体との同一性から出発して、すなわち身体の感情から出発して、すべてをやり直すためである。もちろん、この試みは、もはや、これまで批判的に言及されてきた、自我や精神の自由による脱出ではあり得ない。当然、脱出の可能性は、「身体の感情」のなかに発見されなければならないだろう。

レヴィナスはこのエッセイの最後に次のように言う。「問われるべきは、民主主義の、議会制の、独裁体制あるいは宗教政治のあれこれのドグマではない。問われるべきは、人間の人間性なのである(15)」。

二

以上の論述から、最初にわれわれが立てた問い、なぜ身体の諸感情なのかという問いに対する答えは既になかば明らかであろう。この第二節での検討の対象となっているような身体の諸感情の具体的な分析は、確かにヒトラー主義の哲学の考察には見られないが、そこにはこの分析のための前提が準備されていた。「身体の感情」という言い方で表現されていたのは、「自我と身体との同一性の感情」であり、それは自我が自分の身体に「鎖でつながれてあること」に起因する。しかし、この段階ではまだ、そこからの脱出が問題になっていたわけではない。指摘されたのは、すべての問題の出発点が、この決して逃れられないものとしての「鎖でつながれてあること」に存するということ、結局のところ、「人間の人間性」が問われなければならないということであった。

一九三五年のエッセイに移ろう。「自我と身体との同一性の感情」の問題は、「逃走について」においては、「存在の同一性」への審問として、われわれが実存するという事実そのものへの問いかけという形を取る。ここでは、「身体の感情」は、自我が自己の鎖を断ち切って自己自身から脱出するという存在からの逃走の欲求として取り上げられることになる。具体的に言えば、その際問題となる身体の感情、すなわち逃走への欲求とは、「不快感」、「快楽」、「羞恥」そして「吐き気」の四つである。レヴィナスは書き出しの文章で次のように言う。「存在の観念に対する伝統的哲学の反抗は、人間の自由とそれを損なう存在の粗野な事実との不一致から生じる[16]」。これを見れば明らかなように、問題の重心は、今度は、人間の自由にではなく、主語となっている存在の観念に対する反抗に移っている。ここでは、自我や精神の自由の問題から、「鎖でつながれてあること」への移行はもはや問題ではない。したがって、ヒトラー主義の哲学への批判は、先に触れたように、出発点としての「自我と身体との同一性の感情」の重要性の指摘から、「存在の同一性」そのものの問題へと、すなわち、身体の諸感情の分析を通して、この同一性からの脱出の問題へと深められることになるのである。

反抗の問題に戻ると、伝統的哲学のそれは十分ではない。なぜか。それには決定的なものや徹底性が欠けているからである。人間のそれ自身への対立も「主体の単一性」の破壊ももたらすことはないからである。自我を非我と対立させても無駄である。自我の自己自身との和解が予め約束され、非我はそのために乗り越えられるべき障害でしかない。また、超越が問題になったとしても、それはより善き存在への超越や人間の存在に課せられた限界の乗り越えであり、無限な存在との合一でしかなかった。それゆえ、西欧の哲学にあっては、「存在の同一性」は無傷なままなのである。それでは、反抗は不可能なのか。レヴィナスは、「逃走（évasion）」の概念によって可能であると考えた。

ところで、「存在の同一性」という言い方でレヴィナスは何を考えているのだろうか。レヴィナスは、「諸事物は存在する」、「存在の事実そのものは完全と不完全との区別を超えたところにある」と述べた後、次のように言う。「存在は存在する。すなわち、ひとが、一つの存在において、その実存だけを取り上げる限り、存在は存在するという、この主張に付加すべき何ものもない。こうした自己自身への準拠、それはまさしくひとが存在の同一性について語るときに言うところのものである。同一性は存在の一特性ではないし、それ自体同一性を前提とする特性の集合からなっているわけでもない。それは存在するという事実の十全性の表現であり、誰もその絶対的で決定的な性格に疑いを差しはさむことなどできないように思われる[17]」。以上のように、レヴィナスが「存在の同一性」という言い方で示しているのは、まさしく「自己自身への準拠」ということである。それゆえ、「存在は存在する」のである。それは疑うことのできない事実なのである。

しかも、レヴィナスにとって問題だったのは、先ほど触れたように、今まで西洋の哲学がこの考え方を超え出たことがなかった点であった。従来の「超越」の概念ではこれに応えることはできない。しかし、まったく望みがないわけではない。それが現代文学に起源をもつ、「われわれの世代よって存在の哲学についての最も根本的な断罪」として現われた「逃走」の概念である。それは「存在するものの実存」そのものにおいて見出される「欠陥（tare）」に関わるものであり、そこで問題になっているのは「われわれが実存するという事実そのもの」であり、「われわれの現前の非罷免性」なのである。したがって、逃走の考え方は、ある出来事からの脱出をではなく、むしろわれわれが実存するという事実そのものからの、すなわち、「存在の同一性」からの脱出を表わすものであり、われわれの存在に終わりがあることを見出すことにある。もはや自我の存在に頼ることはできない。残された道は、「逃走への欲求（besoin d'évasion）」のみである。それでは、この類例のない主題である「逃走」とは、どのようなものなのか。それについて、レヴィナスは、ベルクソンの「エラン・ヴィタール」と対比しながら、次のように言う。「エラン・ヴィタールにおいて、われわれは未知なものに向かうが、しかしながらわれわれはどこかに行くのである。反対に、逃走においては、われわれは脱出することだけを望む。刷新にも創造にも同一視できないこの脱出（sortie）のカテゴリーをこそ、そのありったけの純粋さにおいて把握することが重要である。われわれに存在からの脱出を促す、模倣できないテーマ[18]」。レヴィナスによれば、ベルクソンの「エラン・ヴィタール」は結局のところ存在に行き着く。なるほど、この「創造的飛躍の哲学」は「古典的な存在の厳格性」とは無縁ではあるが、依然として「存在の威信」を引きずっている。この解釈が正しいかどうかはまた別の問題であるが、この意味で、レヴィナスにとっては、「エラン・ヴィタール」では不十分なのである。

以上のことからも解るように、「逃走」や「脱出」によって狙われているのは、あの「存在の同一性」なのである。しかし、なぜ、逃走や脱出は、存在することの事実そのものから生じるのか。それは、この同一性において、この「自己自身への準拠」において、「一種の二元性」が見出されるからである。それが「劇的な一形態」を取るからである。レヴィナスは次のように言う。「自我の同一性において、存在の同一性は、その鎖でつながれてあることという本性を開示する。というのも、存在の同一性は、苦しみという形で現われ、逃走へと誘うからである。したがって、逃走は、自己自身から脱出しようとする欲求であり、すなわち、最も根本的な、最も容赦のない、鎖でつながれてあること、自我が自己自身であるという事実、を打ち砕くのである[19]」。注目すべきは、このような実存することの事実そのものに穿たれた二元性であり、それが取る劇的な一形態である。この、「存在の同一性」に亀裂をもたらす二元性によって、この、自我の同一性の劇的な一形態によって、「自我の自己に鎖でつながれてあること」の破壊への希求、すなわち、身体の諸感情としての逃走への欲求が生じ、存在そのものからの、自己自身からの逃走が可能になる。しかし、本当にそうか。

確かに、逃走の概念は、「存在である限りでの存在」という、哲学の古くからの中心問題を刷新する可能性をもつが、しかしながら、そこには解かれなければならない重大な問題がある。それは、この「存在である限りでの存在」としての純粋な存在の構造とはどのようなものかという問題である。そしてこの存在構造の解明によって、自己自身からの逃走の線を描き出すことである。レヴィナスは、次のように述べる。「実存することの事実そのものは、自己にしか準拠しない。この事実は、それによってあらゆる能力やあらゆる特性が自己を措定するところのものである。われわれが考察している逃走は、われわれに自己を措定するというこの事実の内的構造として現われる[20]」。それゆえ、何よりも、「自己を措定するという事実が裸の状態において成就される」状況において、その内的構造を発見しなければならない。かくして、純粋存在の構造についての問題は、自己措定の事実の内的構造の問題として逃走という概念によって担われることになる。したがって、逃走への欲求こそが、特にその「欲求の構造」こそが、問題なのである。ただし、欲求の概念を欠如と受け取ってはならない。レヴィナスは、「逃走について」の第二節の最後で次のように言う。「実際、欲求は存在に内的に奥深く結びつけられているが、欠けているものという資格においてではない。反対に、欲求は、われわれが、(中略)既に逃走として告げられている、存在することの純粋な事実の発見を可能にするのである[21]」。だからこそ、これに続いて言われているように、欲求の構造の分析は「逃走について」の本質部分をなすのである。

今、問題は、それによって「存在することの事実そのもの」が純粋な仕方で現われることになる欲求の構造である。したがって、自我が身体に鎖でつながれてあることを、すなわち自己措定の事実を、それ自体として取り出し、そこに自我と自己とのずれを、二元性を、発見するためには、この欲求の構造を解明する必要がある。しかし、欲求を取り扱う際には注意が必要である。心理学をはじめ、欲求の問題は欠如としての欲求という考え方によってさまざまな仕方で汚染されているからである。それは、例えば、欲求に関するある種の形而上学が前提となっている点や、実存と実存者との区別が見られない点などである。その上でレヴィナスは、第三節以下、順に、「不快感（malaise）」、「快楽（plaisir）」、「羞恥（honte）」、そして「吐き気（nausée）」についての分析を遂行するが、この欲求の分析に関しては別のところで詳しく取り上げたことがあるので、ここでは特に、「吐き気」の問題を中心に見ていこう[22]。

「不快感」、「快楽」、そして「羞恥」において、共通するのは、いずれも存在からの脱出の運動にほかならないという点である。もちろん、そこには違いも認められる。例えば、「不快感」は、逃走への努力という仕方でわれわれが存在するという事実そのものを告知するのに対して、「快楽」の場合には、確かに情感性としてのそれは単に存在からの脱出の運動ではあるが、快楽は常に挫折に終わるがゆえに真の逃走とは言えない。実は、「快楽」のこの挫折の意味は次の「羞恥」において明らかになるのであるが、「羞恥」の分析によって示されるのは自分を隠そうとしても隠しきれないという事態であり、自己から逃げ出そうとしても決して逃げ出すことができないという事態である。結局、それは、自己自身からの逃走の根本的不可能性と自己自身への避けがたい現前とを表わしている。したがって、これらの欲求に共通するのは、「存在はその根本において自分自身にとっての重荷である[23]」というテーゼである。しかし、このテーゼを主張するためには、「不快感」についてもっと詳細に見ていく必要がある。

第五節の冒頭でレヴィナスは次のように言う。「不快感の本性が完全な純粋性において現われ、不快感という語がとりわけ当てはまる一つの事例、すなわち吐き気を分析してみよう[24]」。したがって、「吐き気」の分析の目的は、すぐ前で触れた、「自分自身にとっての重荷としての存在」という、あの主張の根拠を解明し提示する点にある。「吐き気」とは、改めて言うまでもなく、「吐くこと（vomissement）」とは異なる。それはこの「吐くこと」に先行し、やがて吐くことが解放してくれるはずの「嘔吐を催させる状態（état nauséabond）」にほかならない。この「胸がむかむかする」状態は、われわれの気分を、外側からではなく内側から害するのである。それゆえ、この状態にあって、われわれは、「自分自身の根本が自分自身のもとで窒息する」。言い換えれば、この状態は「われわれ自身のわれわれ自身への反抗的現前」でもあるが、われわれはこの反抗に成功するわけではない。それは乗り越えることのできないものなのである。しかも、われわれは、吐き気をおぼえるたびに、自己と自己との分裂や独特の二元性に置かれるが、だからといって、そこから脱出できるわけではない。したがって、吐き気においては、そこに留まることの拒絶とそこからの脱出への絶望的な努力とがある。しかし、なぜ、この試みは絶望的なのか。

レヴィナスは次のように言う。「ひとがそうであることの不可能性である吐き気において、ひとは同時に自己自身に釘づけされており、息がつまる狭い輪の中に閉じ込められている。ひとはそこにいて、もはやなすべきことは何もないし、われわれは全面降伏のうちにあり、完全にお手上げ状態にあるという事実につけ加えるべき何もない。これは純粋存在の経験そのものであり、それこそこの論文の冒頭で予告されていたものである。しかし、この『もはや-なすべき-ことは-何も-ない』は、そこであらゆる行為の無効性がもはや脱出するしかない最後の瞬間を指示しているような限界状況の表徴なのである。純粋存在の経験は同時に、その内的対立と不可避の逃走の経験である[25]」。

このように、「吐き気」は、他の欲求と同様、存在の欠如ではなく、その充実や自己自身への不可避の現前を裸の状態で示す「純粋存在の経験そのもの」である。それゆえ、それは、自己の自己への現前を「存在の裸性」において発見させる。その上、それは、存在からの脱出への絶望的努力という、どんな行為も無駄である状況にあって、それにもかかわらず、唯一、そこから逃げ出すことが残されているような矛盾的二元性において現われる。先にも少し触れたが、問題はこの「独特の」二元性である。言うまでもなく、これは単に「実存者」にのみ関わる経験ではなく、純粋な存在に関わるそれである。レヴィナスの術語で言えば、それは、われわれが実存するという事実そのものに関わる、すなわち、実存者の実存に関わる、正確には、「実存者」と「実存」との存在論的差異に関わる経験である。それでは、「吐き気」とは何か。レヴィナスは次のように言う。「吐き気の容赦のなさは、吐き気の基底そのものを構成する。避けがたいこの現前の絶望は、この現前そのものを構成する。そのことによって、吐き気は、何か全体的なものとして自己を措定するだけではなく、自己を措定する働きそのものとして自己を措定する。すなわち、存在の確立である。吐き気は自分自身にしか依拠しないし、自分以外のすべてに自己を閉ざし、他なるものへの窓をもたない。それは、それ自体のうちに引力の中心をもつ。そして、こうした措定の基底は自分自身の実在の前での無力さからなるが、にもかかわらずこの無力さはその実在そのものを構成するのである」[26]。要するに、吐き気が示していることとは、その無力さにおける存在の現前であり、しかもこの存在の無力さが存在を存在として構成しているという事実である。それゆえ、吐き気は単に実存者において起こる現象ではなく、むしろ実存者の実存に関する事柄なのである。

以上のような欲求の分析は、レヴィナスに何をもたらしたか。それは次の二点である。まず、欲求の根底には存在の欠如ではなく、むしろ存在の充実が見出されるということである。次に、欲求は満足に向かってではなく、むしろ解放と逃走の方向へと導かれるということである。しかし、このどこまで行っても「自己自身であることを余儀なくされていること」から、どのようにして自己を解放し、自分自身から逃げ出すことができるのだろうか。「自我と自己との同一性」から、そして「自分の身体に鎖でつながれてあること」からどのようにして脱出することができるのだろうか。ここで重要なのは、われわれが実存において否応無しに自己自身であることを強いられているということである。われわれの「実存のむき出しの感情（sentiment de la brutalité）」[27]である。この感情は逃走の欲求として現われるのだが、レヴィナスの分析が明らかにしたのは、結局のところ、とりわけ「吐き気」の分析が示しているように、その現前からの脱出の不可能性にほかならない。

したがって、「吐き気」を頂点とする、身体の感情としての欲求の分析は、なるほど「存在の措定のうちにあるすべての反抗的なもの」を提供するが、それは依然として逃走への希求でしかなく、これだけでは存在からの脱出の論理的根拠が提示されたとは言えないだろう。どこに問題があるのか。「吐き気」の不快感が教えるように、「吐き気」においては、逃走への欲求と脱出の不可能性とは同時に成立する。その結果、われわれは逃げたくても逃げられないのである。このことが示しているように、身体の諸感情としての欲求の分析は、確かに、実存者と実存との区別を明らかにし、両者の断ち切りがたい結びつきを提示する。しかし、それにもかかわらず、それは依然として存在論的差異の圏内にあり、それを突破するところまでは到っていない。なぜか。「吐き気」を頂点とする身体の諸感情としての欲求の分析では、「存在のあらゆる重みと存在の普遍性」とを測定し、「実存の成就そのものにおいてこの実存を破るような出来事」の解明がなされていないからである。[28] 要するに、「逃走の独自性」が明らかにされていないからである。このことを自覚した上で、レヴィナスは最後に次のように言う。「常識（sens commun）や異教徒の知恵（sagesse des nations）に最も明証的に見えるいくつかの概念を転倒する危険を冒して、新しい道を通って存在から脱出することが重要である[29]」。

既にジャック・ローランの指摘があるように、「常識や異教徒の知恵」という表現は難解である。[30] ここでは、われわれは、これらの語の後の「いくつかの概念」と「新しい道」に注目したい。前者は、存在者や存在をめぐる諸概念、同じく存在論的差異に関する概念として、そして後者は、戦後に提示された「イポスターズ」の道と考える。なぜなら、レヴィナスは、「逃走について」の最後の節、第八節の冒頭で、西洋哲学の進歩は結局「存在」の全面的乗り越えには到っていないと述べた後に、「最も広い意味での存在主義(ontologisme)」が依然としてあらゆる思惟の根本的ドグマであり続けている点を強調し、われわれが今問題にしている最後の一節のすぐ前の段落で、とりわけ観念論の試みに関して次のように結論づけているからである。「しかしながら、ヨーロッパの文明の価値は、間違いなく、観念論の、辿ってきた道は別にして、諸々の願望に存している。すなわち、観念論は、その最初の発想では、存在を乗り越えようと求めたのである。存在を受け入れるいかなる文明であれ、存在が許容する悲劇的絶望であれ、そして存在が正当化する犯罪であれ、野蛮の名に値する」[31]。少しだけ説明すると、レヴィナスの文章では、結局は失敗に終わるのだが、西洋哲学における存在の乗り越えの試みは主に観念論のそれとして記述されている。ただし、ここではむしろ、そうした観念論の試みを最大限に評価して、今引用したような表現になるのである。以上のように、レヴィナスは明らかに「存在の乗り越え」を念頭に置いて、「いくつかの概念」の転倒と「新しい道」とに触れている。それゆえ、「いくつかの概念」の転倒は、「常識」や「異教徒の知恵」が「存在に」ついてもつ概念のそれを、そして「新しい道」は存在からの脱出へのそれを示すことは改めて言うまでもないだろう。戦後のレヴィナスの哲学との関連で言えば、前者の問題は、常に存在者の存在でしかない存在を、「実存」と「実存者」という術語で言い直し、それらを分離にもたらし、実存者なき実存としての「ある(il y a)」、「イリヤ」という「常識」外の概念の問題へと、また後者は、この分離によってもたらされる「ある」、「イリヤ」において、いかにして実存者が誕生するかという「イポスターズ」の概念の問題へと展開されてゆく。もちろん、これら二つの問題は一緒に考えられなければならない。もっと長い射程で考えれば、存在するという出来事が「存在の他」への移行という超越を意味するまでに到る、西洋哲学の歴史全体を相手取った第二次大戦後のレヴィナスの独自の挑戦の始まりがここにあったということである。われわれが本章の次の第三節においてこれらの問題を取り上げる所以である。

その前に、身体の問題に少し触れておこう。われわれが最初に立てた問い、なぜ身体の諸感情かという問いに対する答えはもはや明らかであろう。われわれが存在しているという事実そのものが、われわれが、「自我と自己との同一性」として、すなわち、自分の身体として、存在していることにほかならないからである。身体の感情としての欲求の分析において明らかなように、ひとは自分の身体へと鎖でつながれてあることから決して逃れられないのである。このエッセイでは身体そのものの記述はあまり見られないが、ただ、「吐き気」の分析のなかで、レヴィナスは、「吐き気」における身体の現われと道徳的行為とを比較して次のように述べる。「われわれの身体の恥ずかしい現われは、嘘あるいは不誠実とはまったく異なる仕方で厄介である。その過失は、礼儀作法に背いたことにあるのではなく、ほとんど身体をもっているという、すなわち現に存在しているという、事実そのものに存する。吐き気において、羞恥は、集合表象を一切含まないように見える[32]」。以上のように、身体の問題は、終始、われわれが実存するという事実そのものの問題として、正確には、逃走への欲求、存在からの脱出、の問題として取り上げられる。しかし、存在からの脱出が別の道を取ることになれば、当然、身体の位置づけもまた変わらざるを得ないのではないか。第三節に移ろう。

三

この節では、第二次大戦後の最初の著作である『実存から実存者へ』において、今述べた身体の位置づけがどのように変化したかを見るために、存在からの脱出の新たな道である「イポスターズ」の問題を取り上げる。というのも、既にディディエ・フランクの指摘にあるように、「実存者が実存から逃走する運動」を問うためには、予め、それに先立つ「実存者が実存と契約を結ぶ運動」を問題にせざるを得ないからである[33]。「イポスターズ」のプロブレマティークとは、まさしく、この問題、つまり実存者なき実存においていかにして実存者が出現するかを問うことにあったからである。言うまでもなく、この問題の核心は、ここで問題になる実存者の出現の「実存者」とは誰かという点にある。われわれはこれこそが身体であると考えるが、しかしながら事態はそれほど単純ではない。レヴィナスが新たに導入した概念、「定位（position）」に注目しながら、以上の問題を見ていこう。

問題となるのは、『実存から実存者へ』の第四章に当たる「イポスターズ」の個所である。レヴィナスはまず第一節「不眠（insomnie）」において、次のように言う。「実存の一面に広がる、避け難く匿名的なざわめきを断ち切ることの不可能性は、特に、睡眠がわれわれの訴えから逃げ去るようなときを通して現われてくる。ひとはもはや目覚めている必要が何もないときでも、目覚めていなければならない何の理由もないにもかかわらず、目覚めている。現前の裸の事実がのしかかってくる、ひとは存在の義務がある、存在する義務がある、と。どんな対象からも、どんな内容からも切り離されているが、現前がある。無の背後に現出するこの現前は、一つの存在でも、空回りする意識の働き方でもなく、諸事物や意識を包み込むイリヤの普遍的事実である[34]」。レヴィナスは、まず以上のように、実存者なき実存を、不眠状態、目覚めていること、との関連で、「イリヤ」として捉える。「イリヤ」とはあらゆる対象だけではなく、意識の働きもまたそこに沈み込んでいる不在の現前なのである。しかし、なぜ、レヴィナスは、それを目覚めていることにおいて問題にしたのだろうか。なぜ、不眠との関連でそれを問題にしたのだろうか。

ここで想起しなければならないのは、ハイデガーの存在が常に存在者の存在でしかないのと同様に、レヴィナスの言う実存もまた常に既に実存者の実存でしかないにもかかわらず、彼が実存者なき実存としての「イリヤ」に思い到ったのはもともと夜の不眠の経験によってであったという点である。この夜の不眠の経験において、すなわち、起きている必然性がないにもかかわらずいつまでも眠りの訪れることのない、この目覚めの経験において、「イリヤ」という存在することの恐怖が見出される。それでは、目覚めているのは一体誰か。それはわれわれの意識だろうか。ここでレヴィナスはさらに「目覚めていること（veille）」だけではなく、それもまた覚醒状態を示す「警戒（vigilance）」という語を用い、自我の自由を前提とする「注意」との違いを指摘した後に、目覚めているのは「イリヤ」であると言う。したがって、不眠状態にあるのは、実は、休むことなく倦むことなく絶えず存在し続ける、この「匿名の存在」、すなわち「イリヤ」なのである。そうなると、われわれはこの存在そのものの不眠をどのようにして知るのだろうか。レヴィナスの言うように、「存在するという働き」であり、匿名の存在である「イリヤ」の出来事そのものが目覚めていることや不眠であるとすると、われわれは何によってこの目覚めや不眠を経験していることになるのか。自我を前提とした「注意」から区別された「警戒」もまた「イリヤ」のものだとすれば、当然それもまた「私」によるものではないということになるが、それでは一体誰が「警戒」しているのか。

このような問いにレヴィナスは、次のように答える。「思惟する主体の意識――消失の、睡眠の、そして無意識の能力をもつ――は、まさしく匿名の存在の睡眠の断絶であり、『中断する』可能性、あのコリュバスの義務を免れる可能性、自分の中に避難所をもち、存在から退却してその避難所へと引き込もる可能性である。……その〔イリヤの〕出来事そのものは、諸可能性と対立するものとしての睡眠の不可能性、弛緩の、まどろみの、不在の不可能性に存する[35]」。

この文章を見れば明らかなように、意識は、ただしこの場合は「思惟する意識」だが、むしろ、この「目覚め」や「警戒」としての「イリヤ」の存在し続けることの中断や切断、その一時的な停止とみなされる。それゆえ、意識は「消失や睡眠や無意識の能力」をもち、「イリヤ」の不可能性に対立する。そうであれば、目覚めや警戒の経験を、少なくとも、思惟する主体の意識のそれとして考えることはできない。また同じように、それはまた無意識の能力でもあるから、無意識に訴えることもできない。意識は逆に、匿名の存在としての「イリヤ」に亀裂をもたらすものであるから、目覚めていることや警戒の主体ではあり得ないということになるだろう。これでは、先ほどの問いに対する解答にはならない。われわれは、今引用したパラグラフの最後の一文、「瞬間が存在において突然出現するためには、いわば存在の永遠性そのものである不眠が中断されるためには、一つの主体の定位がなければならないだろう[36]」に注目したい。この文章の最後に出てくる「一つの主体の定位」ということで、レヴィナスは何を言っているのだろうか。今見たように、それは少なくとも意識ではない。それでは、それは誰か。

ここで、「定位」の問題から、少し迂回して、レヴィナスの「イリヤ」の記述を見てみよう。レヴィナスは、第三章に当たる「世界なき実存」の第二節「実存者なき実存」の最初で次のように言う。「あらゆる存在者、すなわち事物もひとも無に回帰したと想像してみよう。この回帰をどんな出来事の外部に置くことも不可能である。しかし、この無そのものはどうだろうか。たとえそれが夜や無の沈黙であれ、何かが起こっている。この『何かが起こっている』の無規定性は主語の無規定性ではないし、実詞に関わることでもない。それが指しているのは、いわば非人称構文における三人称の代名詞であって、誰が行為しているのかよく解らないということではなく、言ってみれば、行為の担い手をもたない、匿名的であるような、行為そのものの性格である。この、非人称で、匿名の、しかし、存在の消えることのない『焼尽』、無そのものの奥底でささやいているこの焼尽、われわれはそれをイリヤの語によって定める。イリヤとは、それが人称的形態を取ることを拒絶するがゆえに、『存在一般』である[37]」。

以上のように、匿名の「ある」の問題は、「想像」から始まった。しかし、この想像はまた、純粋な思考実験には留まらない。レヴィナスはそれを彼自身の不眠に基づく夜の体験になぞらえているからである。問題は、どんな実詞からも切り離された、本質的に匿名的である「イリヤ」において何が起こっているかである。自我や人称性に触れながら、レヴィナスは次のようにも言う。「自我と呼ばれているものは、それ自身、夜に沈み込み、夜によって浸食され、脱人称化され、窒息させられている。すべての事物の消滅と自我の消滅は、消滅しえないものへと、否応無しに、主導権を握ることなしに、匿名的に、ひとが融即している存在の事実そのものへと、連れ戻す。存在は、力の場として、誰にも属さない重苦しい場（ambiance）として、しかし普遍的なものとして、すなわち、存在を退ける否定の只中で、否定が何度となくなされるそのたびごとに、還帰してくる普遍的なものとして在り続ける[38]」。このレヴィナスの文章は、レヴィナスが繰り返し語った、二度の世界大戦の後、すべてが失われたにもかかわらず、それでもなお執拗に回帰し続ける存在の恐怖を思い起こさせる。今問題は、レヴィ＝ブリュールから借りた「融即（participation）」の概念によって指摘された、もはや自我ではなく、匿名的に「ひとが融即している存在の事実そのもの」である。この場合、「ひと」とは誰だろうか。自我は消滅し、匿名性や非人称性が問題になっている以上、それはもちろん「私」ではない。「ひと」と並んで、後に、例えば、目覚めているのが「それ」であるという場合の「それ」という言い方でも示される、この「融即」の事態をもう少し微細に見ていくとどうなるか。

もう一度、元の章「イポスターズ」の第一節「不眠」に戻ろう。レヴィナスは次のように言う。「われわれはかくして、イリヤの非人称的出来事の中に、意識ではなく、それがひたすらずっと目覚めに融即するがゆえに意識として現われながらも、意識がそこへと融即しているような、目覚めていることを導入する。意識は目覚めの一部分である。とはいえ、意識は既に目覚めを破ってしまったのではあるが」[39]。難解な文章ではあるが、意識の「イリヤ」への「融即」とは、実存者の側からの実存者なき実存への接近の試みであり、まさしく匿名化と非人称化の限界状況の体験なのである。「融即」においては、「イリヤ」と渾然一体となった意識は「イリヤ」の目覚めの一部分でしかない。しかし、他方で、意識はまたそこに亀裂をもたらす。すなわち、意識とは、存在に対する「避難所」でもある。その上で、改めてレヴィナスは次のように言う。「目覚めは匿名的である。不眠において、夜への私の警戒はない。目覚めているのは夜そのものなのである。それ（ça）が目覚めている。そこに私が全面的に存在にさらされている、この匿名の目覚めにおいて、私の不眠を満たすあらゆる思惟は、無に吊り下げられている。それらには支えがない。そう言ってよければ、私は匿名の思惟の主体であるよりも、むしろ対象である。なるほど、私は少なくとも対象であることの経験をし、この匿名の警戒を依然として自覚してはいる。しかし、私がそれを自覚するのは、それによって自我が既に匿名体から切り離されるような運動において、またそこで非人称的警戒の限界状況がこの状況を放棄する意識の後退に反映されるような運動においてである。この脱人格化の経験をこそ、その条件に関する反省によってそれを損なってしまう前に、引き立たせなければならない(40)」。それでは、一方では「イリヤ」から離脱しながらも、他方では「イリヤ」の匿名の目覚めにも関与する、このようないわば限界的運動を何に求めるべきなのか。われわれは今非常に奇妙な状況に立たされている。「イリヤ」の匿名の目覚めや警戒とは、現象学の言う現象ではない。それは現象の彼方である。レヴィナスは、妄想や狂気を例にあげて、この限界状況への近接を、したがってこうした逆説的状況での非人称的「意識」による「イリヤ」の目覚めや警戒に関する不意打ち的把握について触れている。しかしながら、だからといって、「私」がこの状況の主体ではあり得ないという事態には変化はない。「私」がこの目覚めを意識したとたんに、「私」はもはやそこにはいない。そうであれば、意識の運動とは別の仕方で、このような事態を考える必要があるのではないか。

レヴィナスはこの節の最後に次のように言う。「それゆえ、不眠は、われわれを、そこで実詞のカテゴリーとの離反が単にあらゆる対象の消滅だけではなく主体の消滅でもあるような、一つの状況に置く[41]」。対象も主体もない状況のなかで、われわれもまた、レヴィナスのように、「主体の到来は何に存するのか」と問わなければならない。

今度は「イポスターズ」の第二節「定位」である。レヴィナスは、「意識と無意識」という副題をもつこの節を次の文章から始める。「意識がイリヤとは対照をなすと思われたのは、イリヤを忘れることやイリヤを中断することによって、すなわち、自分が眠るという可能性によって、である。意識は存在することの一様態であるが、存在を引け受けながらも、躊躇そのものである。そのことによって、意識は、折り返しの一次元を手に入れる[42]」。われわれがこれまで問題にしてきた文脈に従えば、ひとまず「主体」の問題に関しては、ここでレヴィナスが無意識との関連で取り上げている意識こそが主体であると答えることができる。しかし、この答えは正確ではない。われわれの先ほどの問い、「主体の到来が何に存するのか」という問いへの答えになっていないからである。意識とイリヤとの間にあるものを、曖昧さは残るが、レヴィナスの言い方をすれば、「出来事」から「実存者」への変化の過程を、明らかにする必要がある。予めわれわれの答えを述べておくと、われわれは、身体ことが非人称的で匿名の存在としての「イリヤ」から実存者が誕生するという出来事の担い手であると考えている。いや、担い手という言い方は正しくない。この場合むしろ、身体はその出来事そのものであると言わなければならない。しかし、そうなると、身体と意識との関係はどうなるのだろうか。以下この点に留意しながら、「主体の到来が何に存するか」という問いに対する解答を詳細に検討していこう。

差し当たり問題は、「意識」と「無意識」である。注意したいのは、先の引用の中の「折り返し(repli)」という語である。レヴィナスは通常の解釈とは違って、意識と無意識とを単なる対立の関係とは考えない。聖書の中のヨナのエピソードが物語るように、不可能な逃走に疲れ果てたヨナが船倉に下りて眠るように、意識もまた「自分の飛躍そのものにおいて」、疲弊し飛躍を止めて、自分自身に逆らうという最後の手段に出る。それが眠ることであり、休息することなのである。無意識とは、意識のこうした自己からの後退、自己の避難所への退却である。したがって、意識は無意識をもつことで、この自己からの後退の能力をもつということである。すなわち、眠ることができるということである。この眠ることができるということによって、意識は「イリヤ」からの誕生としての主体の出現なのである。しかし、このような自己からの後退、あるいは遅れとしての意識が意識であるためには、局所化され場所をもたなければならない。それが、デカルトのコギトの解釈を通じて提示される場所の概念、「ここ(ici)」である。

レヴィナスは次のように言う。「観念論によってわれわれが空間の外に位置づけることに慣れてしまった考えは――間違いや堕落によってというよりも本質的に――ここである。デカルトの懐疑によって排除された身体、それは対象としての身体である。コギトは、『思惟がある』という非人称的措定に到達するのではなくて、『私とは思惟するところの物(chose)である』という第一人称現在へと到る。物という語は、この場合、見事なまでに正確である。コギトの最も深い教えは、まさしく、実体としての思惟、すなわち自己を措定する何ものかとしての思惟の発見にある。思惟は出発点をもつ。問題は、単に局所化の意識だけではなく、今度は意識や知に吸収されてしまうことのないような意識の局所化である。知の知もまた同様にここであり、その知の知はいわば物質的厚みから、瘤から、頭から生じる。思惟は、瞬間的に世界に広がるが、ここに戻るという可能性を保ち、決してここから切り離されることはない。意識とはまさしく、『永遠真理』の非人称的、中断なき現われが、単に一つの思惟になり得るという、すなわち、その眠りなき永遠性にもかかわらず、一つの頭の中で始まったり終わったり、燃えたり消えたり、自分自身から逃げ出したりし得るという、つまり頭は肩に落ちるということ――ひとは眠るということ――事実である[43]」。少し長い引用になったが、以上の文章には、実存者なき実存において実存者の誕生を問う「イポスターズ」のプロブレマティークの優れた要約がある。

まず重要なのは、レヴィナスがデカルトの「思惟」を、実体として、自己を措定する何ものかとして、改めて定義し直し、さらにそれを「出発点」とし、「意識の局所化」としての「ここ」とみなした点である。「知の知もまたここである」で始まる一文、特に「物質的厚み」や「瘤」や「頭」を見れば解るように、「ここ」とは間違いなく身体、それも対象としての身体から区別された身体にほかならない。言うまでもなく、この場合、対象としての身体は、既に懐疑によって斥けられているから問題ではない。今、意識の事実として語られる、終わりなき「永遠真理」が、頭が肩に落ちることによって、つまりひとが眠りに落ちることによって、中断され人称化され得るという事実が問題なのである。もう少し詳しく意識の局所化としての「ここ」の問題を見ていこう。レヴィナスは、局所化が空間を前提とするものではないことや客観性とは正反対のものであることを述べた上で、意識の局所化に関して次のように言う。「意識の局所化は主観的なものではなく、主体の主体化である。意識の瞬き、その充満のなかの折り返し、それは客観的空間に何ら準拠しない、まさしく出来事なき出来事、内的出来事であるような局所化と睡眠の現象そのものである。睡眠である限りでの無意識は、生のもとで働いている新しい生ではない。それは、非‐融即による、休むという基本の事実による、一つの生への融即である」[44]。もう一度確認すると、意識の局所化は主体の主体化の事実である。したがって、それは、自己への「折り返し」や自己からの遅れによって、すなわち、「出来事なき出来事」、「内的出来事」として、意識が意識として働く条件を作り上げている。また、意識の局所化の場所とは、睡眠の場所でもある。レヴィナスによれば、眠ることとは心身の活動の中断であるが、この中断には眠るための横になる場所が必要である。それゆえ、横になることは、「実存を場所に、位置に、限定する」ことなのである。しかし、この場合、場所や位置は、どこでもよいどこかではない。それは、「土台（base）」、「条件（condition）」でなければならない。そこへと実存が限定される場所や位置が「土台」や「条件」でなければならないとは、ここで問題になっている場所や位置が通常われわれが身体の位置によって測られるようなそれではなく、むしろわれわれの運動そのものとしての身体だからである。ある位置なり場所なりに立つ身体は、それを眺めるわれわれにとっての対象としての身体でしかない。「局所化」や「定位」と結びつく身体は、この対象としての身体から区別される、主体の主体化を可能にする本源的身体である。こうした事態は通常、対象としての身体によって、われわれから隠されたままになっている。しかしながら、眠ることは、この隠された「土台」、「条件」としての身体との関係の回復であり、われわれを保護する「場所の守る力」との接触なのである。

睡眠において何が起こっているのか。このとき、存在するというわれわれの働きはどうなるのだろうか。存在することを止めてしまうのだろうか。無論、そうではない。もしそうであれば、眠りではなく、永久の眠り、死ということになるだろう。睡眠は横になることであり、休むことなのである。したがって、われわれの存在は、睡眠において、もっぱらこの休息に向けられている。それでは、眠りから覚めるとき、何が起こっているのか。「目を覚ます者は、殻の中の卵のように、自分が自分の不動性に閉じ込められているのに気づく。同時に避難所を与えることでもある、この土台に身を委ねることは、それによって存在が自己を破壊することなしに、中断されたままになる睡眠である[45]」。「不動性」に閉じ込められているとは、われわれが自分の身体において在るということであり、目を覚ましたとき、一瞬どこにいるのか解らないことがあるが、われわれの所在を示すそのような場所とは別に、そのとき、間違いなくわれわれは、「不動性」としての自分の身体の元に在る。しかしながら、目覚めるにしたがって、身を委ねていた「土台」を離れ、周囲の対象との関係へと移っていくことになるだろう。あえて言えば、われわれは、「世界内存在」という在り方を取ることになるだろう。言うまでもなく、「イポスターズ」

によるレヴィナスの狙いは、この「世界内存在」の手前、後に少し触れるが、「現存在」の「現」の手前のわれわれの在り方を明らかにすることにある。「現」ではなく、「ここ」を問題にしたのは、このためである。この点については、再度触れることにして、ここでは、意識と身体との関係について明らかにする必要がある。

レヴィナスは、意識の自己措定に先立つ措定、すなわち、ポジション、場所の措定、位置を定めることを「定位（position）」と呼び、それと意識との関係を次のように述べる。「意識が到来するのは、休息から、定位から、場所とのこの唯一無二の関係からである。定位は、意識に対して、自分が決定する行為のように、つけ加わるわけではない。意識が自己自身に到来するのは、定位から、不動性からである。意識とは、まさしく睡眠の関わらないことにおいて存するような存在への関わりなのである。意識は一つの土台を『もつ』、また意識は一つの場所を『もつ』[46]」。少しだけ付言すれば、この「土台」や「場所」は、意識が意識であることの「条件」である。なぜなら、眠ることが意識の存在の条件であるとすると、それが眠るためには、横になること、正確には横になる場所が必要だからである。したがって、意識の「ここ」とは、場所や位置に置かれていることとしての「定位」を意味する。すなわち、意識は自分の条件として、一連の「ここ」、「土台」、「局所化」、そして「定位」を、要するに、身体という場所を必要とする。レヴィナスが言うように、意識の自己自身への到来は、場所の措定にほかならない、「定位」としての身体から生じるのである。したがって、実存者としての意識は、存在の中断の能力である睡眠において自己へと関わることができるのであり、それなしには意識は可能ではない。

このような「定位」をどのように理解すべきか。興味深いのは、レヴィナスがこの概念と対立するものとして、「情動（émotion）」をあげている点である。なぜ、情動が「定位」と対立するのか。それは、情動が「主体の破壊やイポスターズの崩壊」をもたらすからである。つまり、レヴィナスは、「定位」を主体の主体化として、「イポスターズ」の遂行として考えているということである。レヴィナスによれば、現象学による分析とは反対に、「情感性の真の本性」は均衡の崩れることにあり、「了解」や「把握」でも、新しい特性をそなえた対象や経験でもない。むしろ、情動は、「土台」の崩壊であるがゆえに、主体が主体であることの困難なのである。したがって、それは、場所の不在、「イリヤ」への転落である。この意味で、情感性の本性は、主体の主体性の問題なのである。

先ほど少しだけ触れたが、この点を考慮に入れれば、レヴィナスの「ここ」とハイデガーの「現存在」の「現」との違いがはっきりする。レヴィナスは次のように言う。「意識のここ――意識の睡眠と自己への逃走の場所――は、ハイデガーの現存在（Dasein）に伴う現（Da）から根本的に異なる。ハイデガーのそれは既に世界を含意している。われわれが語るここは定位のここであり、あらゆる了解、あらゆる地平、あらゆる時間に先立つ。それは、意識が起源であり、意識が自分自身から出発し、意識が実存者であるという事実そのものである。意識の生そのものにおいて、意識は、常にその定位から、すなわち、土台との、睡眠において意識がもっぱらそれだけと結びつく場所との、予め定められた『関係』

から到来する。土台の上に自己を置くことで、存在によってふさがれた主体は、起き上がり、真っすぐに立ち、存在で一杯になっているあらゆるものの主人になる。すなわち、主体のここが主体に出発点を与えるのである。主体は自分を引き受ける。意識の諸内容は、諸々の状態である。主体の意識の不動性、定着性は、理念的空間の何らかの座標への不変的な準拠に由来するのではなく、その立ち止まりに、自分自身にしか準拠することのない、定着性一般の起源——始まりという概念そのものの始まり——であるその定位の出来事に、起因する[47]」。

ハイデガーの「現」に対置された、「定位」の「ここ」は、了解に先立つだけではなく、時間と空間にも先立ち、むしろそれらの起源でもある。それどころか、主体の意識がそこへと自己を置く、このような「定位の出来事」こそ、主体の出発点であるだけではなく、およそ考えられる一切の「始まりの始まり」なのである。また、ここで特に重要なのは、不動性や定着性もまた、この主体の意識の「立ち止まり(stance)」である「定位の出来事」に起源をもつという点である。したがって、定位の「ここ」、すなわち「場所」を「地理的空間」や「ハイデガー的世界の具体的環境」のようなものと考えてはならない。なぜなら、ここで言う「場所」は「土台」だからである。この「土台」としての「場所」こそが、この第三節において、われわれが「イポスターズ」の問題を通してこれまで追求してきた身体なのである。レヴィナスの決定的な言葉を引こう。「したがって、身体は意識の到来そのものである。いかなる仕方でも、それは物ではない。魂がそこに住み着いているからだけではなく、身体の存在が実詞のそれではなく出来事の次元に属しているからである。身体が定位される（se poser）のではなく、身体が定位（position）なのである。身体は予め与えられた空間に位置づけられるのではない――身体とは、局所化の事実そのものによる、匿名の存在への侵入である。身体の外的経験以上に、身体感に基づく自己の内的経験を強調すると、この出来事は説明がつかなくなる[48]」。

このように、身体とは、意識の到来であり、何よりもまず定位の出来事である。それはまた匿名の存在としての「イリヤ」における突然の出現であるがゆえに、この身体の出来事によって「出来事から存在への脱皮」が可能になるのである。すなわち、主体としての意識の誕生、実存者としての意識の到来が果たされる。したがって、レヴィナスが「身体感」という語によって否定的に述べるように、身体の内的経験ではなく、身体の物質性が、物質性の経験が強調されなければならない。しかし、それは身体を定位そのものとして把握するためである。次の一文に注意しよう。「身体は、その定位を通して、あらゆる内面性の条件を実現する[49]」。この「土台」、「ここ」、「場所」としての身体は「定位の出来事そのもの」として、時間や空間に先立つ「始まりの始まり」である。したがって、身体とは実存者なき実存における実存者の誕生でもある。すなわち、主体としての意識の誕生でもある。言い換えれば、このような土台としての身体がなければ、意識は何ものでもない。

以上の事態を本章の第一節の問題に戻って言い直すと、われわれは、身体において、自己の実存を引き受け、実存者として存在するようになるということである。要するに、最初にわれわれが提出した疑問、「実存者が実存と契約を結ぶ運動」の内実がここにある。身体という土台がなければ、主体としての意識は可能ではない。したがって、実存者の誕生も可能ではない。それがなければ、物質性としての身体がなければ、一切の始まりもない。意識は、「定位の出来事そのもの」である身体にその存在の根拠をもつ。身体がなければ、意識はないのである。それでは、身体が在るということをどのように言うのだろうか。答えは既に明らかである。レヴィナスが実存の「脱自」に対置した、「自己への折り返し」という存在の概念がそれである。

レヴィナスは「現在とイポスターズ」以下の小節において、再度、意識において「定位」として生じる「充満における折り返し」としての「睡眠」を取り上げ、今度は「現在としての瞬間の出来事そのもの」の問題、すなわち時間の問題へと移行するが、紙幅の関係上、われわれはこれらの問題について機会を改めて取り上げることにして、最後に身体が存在するということがどういうことかという問題、すなわち「自己への折り返し」の問題に触れて、本章の締めくくりにしよう。

少し長い引用になるが、レヴィナスは、メーヌ・ド・ビランの努力の考え方と比較して、彼自身の努力の概念について次のように言う。「メーヌ・ド・ビランは、世界に向けてなされる努力しか見なかった。その分析は、彼に、主体の経験を提供したが、主体の成就そのものは提供しなかった。定位は、世界に向かってなされるあらゆる行為や労働と比べると、全面的な独自性をもつ。ビランの場合、努力の意志と抵抗が結びつけられ相互に規定されるのに対して、主体の定位において踏みしめられる場所は、努力を抵抗としてだけではなく、土台として、努力の条件として支える。定位の出来事に先立って存在するいかなる主体もない。定位の行為は、それがそこから自分の起源を引き出すようないかなる次元においても繰り広げられることはない。定位の行為は、そこでそれが起こるまさにその地点において突然現われる。定位の行為の働きは、意志することにあるのではなく、存在することに存する。世界に向けてなされる行為においては、疲労に、未来に向かう飛躍がつけ加わる——たとえそれが作られるべき対象のためであれ、われわれ自身の中に生み出すべき変容のためであれ。その〔世界に向けてなされる〕行為は、自己を超越する。定位の行為は自己を超越しない。自己を超越しないこの努力は、現在を、あるいは『自我』を、構成する。実存（existence）の概念に対して、ここでは第一音節〔ex〕にアクセントが置かれているが、われわれはその到来そのものが自己への折り返しであり、ある意味で、現代の脱自主義に逆らって、一つの実体であるような一つの存在の概念を対置する[50]」。

非常に重要なことが語られている。今問題は、匿名の存在、すなわち、「イリヤ」において、定位の出来事そのものである身体によって、現在、あるいはもっと正確には現在の瞬間としての主体が誕生するという事態である。つまり意識の出現である。この現在の瞬間は、どのようにして自己に関係するのか。それは、引用の文章のすぐ前で言われているように、「場所による立ち止まり」によってである。また、この現在の「立ち止まり」は定位の努力であり、この身体の努力において、主体としての現在は、「自己と一体化し、自己を引き受ける」。「立ち止まり」とその自己自身へのずれ、またこのずれにおける自己への追いつきといった、現在の瞬間の分節化の過程の詳しい分析はここでは省略せざるを得ないが、こうした過程は定位としての身体の努力として遂行される。しかし、これだけは確認しておかなければならない。ここで問題になっているこの定位の努力こそが、レヴィナスがメーヌ・ド・ビランの努力の概念に対置したものであるという点である。ビランの努力は世界に向かうのに対して、レヴィナスのそれは自己自身へと向かう。それが主体の経験と主体の成就との違いなのである。レヴィナスの定位としての身体の努力は、自己を決して超越することのない「自己への折り返し」によって、主体を、現在を、自我を、構成する。したがって、レヴィナスの身体は、「抵抗」という以上に、「土台」であり「条件」である。また、それは、時間と空間によって規定されるのではなく、むしろ時間と空間の開始なのである。まず初めに、身体の定位の行為がある。それは絶対の開始点なのである。その行為は意志することではなく、存在することである。しかしながら、この「存在する」は、自己の外へ出て、再び自己へと戻る、自己を超越する脱自としての「在る」ではなく、自己への折り返しにおいて自己に触れる定位としての「在る」なのである。

　以上のように、レヴィナスは、身体を、主体としての意識の到来である定位の出来事そのものとして規定し、メーヌ・ド・ビランが見逃したような、自己へと向かう努力の概念を見出し、ハイデガーとは異なる存在の概念、自己を超越することのない「自己への折り返し」という存在についての考え方を提示する。これらはいずれも「意志と抵抗」とも「世界内存在」とも異なり、世界への関わりではなく、開始点としての自己への関わり、本源的な自己性の成立に向けられている。レヴィナスにおいて、晩年に到るまで身体の問題全体を考察するにあたって、われわれはまずここから始めなければならないが、残された問題も決して少なくない。ざっとあげただけでも、それは現在の瞬間の詳しい検討であり、レヴィナス的な自己性の問題と他の哲学者のそれ、とりわけアンリの内在の問題との比較検討、そして何よりもレヴィナスの身体論と存在からの脱出のそれとのつながりを明らかにする必要がある。

註

（1）以上の事情、「身体の諸感情の分析」や「存在からの脱出」や「イポスターズ」などの問題に関して、特に以下の拙稿を参照のこと。また、主題は異なるが、本章での論述において、それらと一部重複する個所があることを予め断っておく。「他者から無限へ――レヴィナスの時間論――」『同志社哲学年報』山形頼洋教授追悼特別号（Societas Philosophiae Doshisha編）、二〇一一年。「レヴィナスにおける時間の超越と存在論的差異の彼方」『人文学』第一八六号（同志社大学人文学会編）、二〇一〇年。「存在からの脱出と身体の諸感情」『倫理学研究』第三八号（関西倫理学会編）、二〇〇八年。「レヴィナスにおける疲労と睡眠」『文化学年報』第五六号（同志社大学文化学会編）、二〇〇七年。

（2）Emmanuel Levinas, *Quelques réflexions sur la philosophie de l'hitlérisme*, Rivage poche/Petite Bibliothèque, 2006, p. 7.

（3）*Ibid.*

（4）*Ibid.*, pp. 8-9.

（5）*Ibid.*, p. 9.

（6）*Ibid*., p. 10.

（7）*Ibid*., p. 12.

（8）*Ibid*., p. 14.

（9）*Ibid*., p. 15.

（10）*Ibid*., p. 16.

（11）*Ibid*., pp. 16-17.

（12）*Ibid*., p. 18.（原文はイタリック体で書かれているが、訳出にあたって傍点を付した）。

（13）*Ibid*., p. 19.

（14）ごく稀な例として、バタイユの「ファシズムの心理的構造」という論文をあげることができる。ただし、この論文は、ファシズムを問題にしたものであって、直接ヒトラー主義の哲学を扱ったものではない。Georges Bataille, *La structure psychologique du Fascisme*, Nouvelles Edition Lignes, 2009.

（15）*Ibid*., p. 24.

（16）Emmanuel Levinas, *De l'évasion*, Fata Morgana, 1982, p. 67.

（17）*Ibid*., p. 69.

（18）*Ibid*., p. 73.

（19）*Ibid*.

（20）*Ibid*., p. 75.

（21）*Ibid*., p. 76.

（22）最初の註であげたもののうち、特に拙稿「身体の諸感情と存在からの脱出」の第三節を参照のこと。諸欲求についての詳しい検討がある。

（23）*Ibid*., p. 88.

(24) *Ibid.*, p. 89.
(25) *Ibid.*, p. 90.
(26) *Ibid.*, p. 92.
(27) *Ibid.*, p. 94.
(28) *Ibid.*, p. 98.
(29) *Ibid.*
(30) われわれはひとまず「常識」と「異教徒の知恵」と訳したが、以下のテクストの中のローランによる注釈一一を参照。Emmanuel Levinas, *De l'évasion*, pp. 120-122.
(31) *Ibid.*, p. 98.
(32) *Ibid.*, p. 91.
(33) Didier Franck, Le corps de la différence, *in Dramatique des phénomènes*, PUF, 2001, p. 88.
(34) Emmanuel Levinas, *De l'existence à l'existant*, J. Vrin, 1981, p. 109.
(35) *Ibid.*, pp. 110-111.
(36) *Ibid.*, p. 111.
(37) *Ibid.*
(38) *Ibid.*, pp. 93-94.
(39) *Ibid.*, p. 111.
(40) *Ibid.*, pp. 111-112.
(41) *Ibid.*, p. 113.
(42) *Ibid.*, p. 115.
(43) *Ibid.*, pp. 117-118.

（44） *Ibid.*, pp. 118-119.
（45） *Ibid.*, p. 120.
（46） *Ibid.*
（47） *Ibid.*, pp. 121-122.
（48） *Ibid.*, pp. 122-123.
（49） *Ibid.*, p. 124.
（50） *Ibid.*, pp. 137-138.

第二章　イポスターズと現在の瞬間

繰り返しになるが、われわれは第一章の最後に次のように述べた。「以上のように、レヴィナスは、身体を、主体としての意識の到来である定位の出来事そのものとして規定し、メーヌ・ド・ビランが見逃したような、自己へと向かう努力の概念を見出し、ハイデガーとは異なる存在の概念、自己を超越することのない『自己への折り返し』という存在についての新しい考え方を提示する。これらはいずれも『意志と抵抗』とも『世界内存在』とも異なり、世界への関わりではなく、開始点としての自己への関わり、本源的な自己性の成立に向けられている[1]」。また、この文章の後でわれわれは残された問題の一つとして、「イポスターズ」における現在の瞬間の詳しい検討をあげておいた。したがって、この第二章の論考の中心はこの問題の検討にある。すなわち、『実存から実存者へ』において、「イポスターズ」と「現在の瞬間」の問題を取り上げることにある。

本章を始めるに際し、レヴィナスが、メーヌ・ド・ビランだけではなく、デカルトについて触れた個所も見ておこう。というのも、後に述べるように、われわれは、レヴィナスの身体概念を検討するためには、デカルトにおける心身分離と心身合一の問題に触れざるを得ないのではないかと考えているからである。レヴィナスは、デカルトの身体とコギトについて次のように述べている。「デカルトの懐疑によって排除された身体、それは対象としての身体（corps objet）である。コギトは『思考がある』という非人称的立場に到達するのではなく、『私とは一つの考えるところのものである』という一人称現在へと到る。もの（chose）という語は、ここでは、驚くほど正確である。コギトの最も深い教えは、まさしく、思考を実体として、すなわち、自己を措定する何ものかとして、発見したことにある。思考は出発点をもつ[2]」。それでは、なぜ、「思考がある」ではなく、「私とは一つの考えるところのものである」という「一人称現在」としての「私がある」なのか。なぜ、「もの」という表現が「驚くほど正確」であるのか。「思考が出発点をもつ」とはどのような意味なのか。これらはいずれも、『実存から実存者へ』において、レヴィナスの身体の問題を考える上できわめて重要な問いであろう。

さらにもう一つある。今度は現在の瞬間の問題についてである。ここでは、レヴィナスは、デカルトだけではなく、マルブランシュにも触れながら次のように言う。「デカルトやマルブランシュの連続創造説は、現象的次元では、瞬間が自分自身によって次の瞬間に追いつくことができないということを意味している。瞬間は、ベルクソンやハイデガーの理論とは反対に、自分自身を超えるという能力をもたない。瞬間は、厳密な意味で、あらゆるダイナミズムを欠いている」[3]。したがって、各瞬間は断絶していることになる。そうであれば、当然、瞬間の連続性は成り立たない。そこで考えられたのが瞬間瞬間における神の連続的創造である。それでは、この連続的創造の考え方の真の意味はどこにあるのか。レヴィナスは続けて言う。「しかし、マルブランシュの見識の深さは以下の点にある。マルブランシュは、創造主に対する被造物の真の依存を、創造の起源のうちに、また創造主の新たな意志によって無へと還元される可能性のうちに置いたのではなく、被造物が実存において自己を保存することの不可能性のうちに、またその被造物が全瞬間に神の力の実効性に依拠せざるを得ないということのうちに位置づけたのである[4]」。レヴィナスによれば、以上の言葉の真の意味は、マルブランシュが、「瞬間」に、「瞬間そのものに内属するドラマ、瞬間の実存に対する戦い」を見た点にある。しかし、そうであれば、今度は、瞬間そのものを取り上げ、それに「内属するドラマ」や「瞬間の実存に対する戦い」を明らかにしなければならない。瞬間それ自体において、一体何が起こっているのか。もちろん、ここでは、デカルトやマルブランシュのように、神の連続的創造に頼るわけにはいかない。レヴィナスは、これらの問題に、すなわち、瞬間の連続と非連続の問題に、どのように答えるのであろうか。

要するに、本章においてわれわれがなすべきことは、デカルトを導きの糸として、レヴィナスにおいて、改めて「イポスターズ」と定位としての身体との関係を取り上げ、身体と時間、すなわち身体の現在の瞬間のドラマを具体的に解明し、以下の問いに答えることである。レヴィナスはこの瞬間の出来事の解明にどこまで成功したのか。また、身体と現在の瞬間の問題はそれで尽きてしまうものなのか。論述の手順は以下の通りである。まず、デカルトの『省察』において、改めて身体の問題の所在を確認する。というのも、ここでのレヴィナスの身体の問題の出発点である「ある（il y a）」は、徹底的懐疑の果てにデカルトが「第一省察」の最後に見出した「渦巻く深淵」と同じものと考えることができるからである。ただし、レヴィナスの場合は、懐疑によってではなく、別の仕方によって、このような無の場所に辿り着いたのだが。われわれはここで「第六省察」の考察から、二つの主観性の区別、すなわち、「心身分離の主観性」と「心身合一の主観性」との区別に触れる。次に、レヴィナスにおいて、デカルトのコギトと身体についての独自の解釈を取り上げる。続いてわれわれは、「イポスターズ」の問題に触れ、改めてレヴィナスの身体概念、すなわち、定位としての身体概念の意義に触れる。そして、最後に、以上の問題から、現在の瞬間の出来事そのものとしての身体から、瞬間の逆説的事態について取り上げ、現在の瞬間の消滅と再開、すなわち、死と復活について触れ、瞬間の連続と非連続の問題を論じる。

結論としては、次のようになる。レヴィナスの「イポスターズ」と定位としての身体、すなわち、「現在としての瞬間の出来事そのもの」の分析は、デカルトによって垣間見られた、哲学的原理の重心の移動、すなわち精神の純粋悟性の立場に立つ「魂の原理」から精神と身体との合一の立場に立つ「身体の原理」への移行を促すものではないだろうか。

一

一見すると、『実存から実存者へ』におけるレヴィナスの「世界なき実存」の探究は奇妙な試みに思われる。というのも、レヴィナスはここでデカルトのように「懐疑」を使ったわけでもフッサールのように「エポケー」を行使したわけでもないからである。しかも、この試みの目指すところは、われわれに現前する「世界」から始めて、「主‐客」の区別も、「内‐外」のそれもない、不在の現前としての「ある」へと到る道だったからである。そこには、一切の存在者は不在であるが、ただ存在者一般だけがある。それでは、なぜ、それは「無」ではなく、「ある」と言われるのか。それは、レヴィナスによれば、存在とその否定である無とをともに包含する原初的次元としての「ある」だからである。かくして、レヴィナスはこの「ある」、すなわち「イリヤ」からすべてを開始する。すなわち、実存者なき実存において、実存者の誕生を問う、「イポスターズ」の問題を開始する。いまだ主観も客観もない、いまだ内面性も外在性もない「ある」において、両者の区別はどのようにして生まれるのだろうか。「イポスターズ」において問われたのは、そのことである。しかし、この道は驚くほどデカルトの辿った懐疑の道と類似している。両者は、別々の仕方で、いわば同じ無の場所へと到達したのではなかったか。

レヴィナスは『全体性と無限』において次のように言う。「コギトはあの夢の反復に始まりをもたらすわけではない。デカルトのコギトには、最初の確実性（しかしそれはデカルトにとっては神の存在に基づいてのことである）が、すなわち、それ自身によって正当化されることのない恣意的な停止、がある。対象に関する懐疑は、懐疑の行使そのものの明証性を含意する」[5]。ここで言われている「恣意的な停止」とは、言うまでもなく、懐疑を勝手に止めることである。確かに、疑うことは、たとえすべてを疑うにしても、たとえ疑っていることそのことを疑うにしても、疑うという行為そのものの不可疑性を含む。周知のように、ここからデカルトは、私が思っている限りで私はある、へと移行することができた。しかし、デカルトは、なぜ、ここで、すなわち、この「最初の確実性」において、懐疑を止めることができたのか。それは根拠のないことだったのではないか。レヴィナスが「恣意的な停止」と言う所以である。しかし、レヴィナスの答えははっきりしている。それは、デカルトが「無限の観念をもち、予め否定の背後にある肯定の回帰を測ることができた」からである[6]。改めて言うまでもなく、レヴィナスはそこに「他者」の力を見ている。もしそれが働かなければ、疑っている「私」は自分の力で懐疑を止めることはできないから、いつまでも懐疑を続けるしかない。自分の力だけでは肯定に到ることはあり得ない。それゆえ、「肯定は他者から到来する」のであり、「他者が経験の始まりなのである」。

しかし、われわれには今、このようなレヴィナスの答えよりも、デカルトが陥った「深淵（abîme）」に関心がある。徹底的な懐疑の果てにデカルトが巻き込まれた否定も肯定も超えた「深淵」とはどのようなものか。レヴィナスは、より深い水準へと向かう、以上のような肯定‐否定の連鎖を超えた徹底的否定の運動について、すなわち方法的懐疑の運動について、彼自身の「ある」の概念に引きつけて次のように言う。「それは常により深い深淵へと向かう下降の運動であり、われわれは、別のところで、この深淵を、肯定と否定とを超えた、あると呼んだのである」(7)。改めて言うまでもないが、「別のところ」の最も重要な作品はここでわれわれが取り上げている『実存から実存者へ』である。レヴィナスはまたこの文章に続けて、デカルトが懐疑によって巻き込まれたのはこの「無限の否定の働き」であり、そして彼はこの「深淵へと向かう運動」の中に「立ち止まることができない主体」を目のくらむような仕方で引きずり込むことになったと述べる。

今問題は、デカルトの「深淵」とレヴィナスの「ある」である。レヴィナス自身が言うように、彼は「深淵」と「ある」とを同じものと考えている。われわれの言葉で言い直せば、「深淵」と「ある」とは間違いなく同じ無の場所を示している。ただし、以下のことには注意が必要である。それは、レヴィナスがこれらの文章を「コギトと他者」という標題のもとに始めていることからも分かるように、彼の主張の狙いは「立ち止まることのできない主体」がなぜ恣意的に立ち止まり、懐疑の只中で、一転して「私はある、私は存在する」へと移行できたのかという事態の解明にあったという点である。改めて言うまでもなく、先に触れたように、レヴィナスの答えは、無限の観念を、他者を、手にしていたからというものであった。要するに、デカルトにとって、コギトは他者を必要とするのである。ここで同じ問いをレヴィナスの「ある」に向けるとどうなるか。レヴィナスは「ある」からどのようにして脱出したのか。しかし、これらの問いは次の節まで取っておくことにする。その前に、『省察』のデカルトに問いかけて、彼の身体の問題について見ていこう。もちろん、われわれの手がかりは、レヴィナスの言う、デカルトの懐疑によって排除された身体とは「対象としての身体」でしかないという一節である。それでは、『省察』において、懐疑によって排除されなかった身体とは何か。予め予告しておくと、われわれはこの問いを進めていって、デカルトにおける二つの主観性の区別に触れることになる。すなわち、「心身分離の主観性」と「心身合一の主観性」とについてである。レヴィナスの『実存から実存者へ』において身体の問題を追究するわれわれにとって重要なのは、言うまでもなく、後者の主観性であるが、しかしそれが問題になるのはもっと先のことである。

「第二省察」の最初の文章において、デカルト自身が言うように、彼は懐疑の果て、突然「渦巻く深淵」へと落ち込む。感覚の懐疑から始まった徹底的懐疑は、物体的本性一般への懐疑を経て、最後に、「悪い霊」による、私を誤らせようとしているとの「仮定」へと行き着く。そして、このような、この上なく有能で、しかも悪意をもつ「悪い霊」による仮定の結果、デカルトが「第一省察」の最後に言うように、「外的事物」については、天、空気、地、色、形、音をはじめその他すべてのものが夢の幻影でしかないと考えざるを得なくなる。また、「私自身」についても、手も、眼も、肉も、血も、また一切の感覚器官をもたず、間違ってこれらのものをもっていると思い込んでいるという考えへと到る。要するに、「渦巻く深淵」へと陥ったのである。しかも、興味深いことに、デカルトはこの状態に留まる決意と、そこに留まることの難しさに触れて、夢にふける囚人の例を持ち出して、この道の困難さを、光のない、「暗闇」における目覚めの状態になぞらえている。(8) ここでもわれわれはレヴィナスの「ある」を想起することができるだろう。

結局、デカルトは、われわれが身体や感覚器官に結びつけられ、それらなしには存在し得ないにもかかわらず、身体も感覚器官も存在しないと言う。また、自分自身を説得して、世界には何もない、いかなる天も地も精神も身体もないと、したがって私は存在しないとまで言う。しかし、ここでは、われわれは、これに続く、「私はある、私は存在する」に到る経緯については触れないことにする。というのも、今のわれわれにとっては、デカルトが一方で身体と感覚器官を否定したとき、同時に他方で、身体や感覚器官なしにはわれわれが存在し得ないのではないかと述べている点が問題だからである。もちろん、最後には、天も地も精神も身体もない、私は存在しない、とすべて否定されてしまうことになるのだが、しかしこれはどういうことだろうか。

「私はある、私は存在する」の発見以降、デカルトは「必然的に存在する私」とは何かという問いを立て、物体の本性から精神のそれへと到る。この過程で、デカルトは、われわれにとって実に興味深い文章を残している。ただここで注意しなければならないのは、「身体」という語の両義性である。それは、この語が常に物体の同義語で使われる場合と、いわゆる「物体」から区別されて、単なる「物体」以上のものとして使用されている場合とがあるという点である。デカルトにとって、身体とは基本的には「物体」、すなわち対象としての身体ではあるが、しかも懐疑によって排除されたのはこの身体なのであるが、しかし、『省察』においても、それは、このような身体概念に尽きてしまうものではない。むしろ、今からわれわれが問題にするように、もう一つの身体概念、「心身分離の主観性」ではなく、「心身合一の主観性」へと到る身体概念が垣間見られていたように思われる。

ところで、「物体」はと言えば、それはデカルトによって次のように定義される。[9] 物体は、形によって限定され、場所によって囲まれ、他の物体を排除するような仕方で空間を充たすもの、しかも視覚や触覚をはじめ五感によって知覚されるもの、自ら動くところのものではなく他のものによって動かされるところのものである。要するに、物体とは自己を動かす力や感覚する力や思考する力をもたないものである。というのも、これらの能力は物体の本性には属していないからである。しかし、このような定義の後で、デカルトは奇妙な文章を残している。「……それどころか、私はむしろ、このような力が或る種の物体において見出されることに驚いたのである[10]」。言うまでもなく、「或る種の物体」とはわれわれの「身体」以外には考えられない。そうであれば、デカルトは、いわゆる「物体」としての身体、すなわち対象としての身体とは別の身体を見ていたことになる。驚くべきことに、この別の身体は自ら動き、感覚し、思考する能力をもつという。しかし、このような、われわれにとって魅力的な身体についての記述はここまでである。それでは、デカルトにおいて、少なくとも『省察』のデカルトにおいて、この身体はどこに行ってしまったのか。

ここで改めて、「第二省察」において、「私はある、私は存在する」の「必然的に存在する私」とは何かを考えてみよう。デカルトはまず、以前そうしたように、自然に導かれて自分の意識に浮かんできたものの検討から始める。すなわち、「私」とは顔や手や腕をもち、こうした諸部分からなる「機械」、つまり「身体」を有するものである。次にデカルトは、「私」とは「栄養をとり、歩き、感覚し、思考する」ところのものであると考えた。しかも、彼によれば、これらの働きの源は精神にある。しかし、精神についてはまだ未知のままである。そこでさらにデカルトは、身体および物体の本性について検討を進める。その検討の結果がわれわれが取り上げた「定義」ということになる。そしてこの検討の最後に、デカルト自身が「驚いた」と述べた、あのきわめて興味深い身体についての言葉になる。すなわち、「或る種の物体」、要するに、「身体」のうちには自分を動かす力や感覚する力や思考する力がある、と。

しかし、ここで忘れてはならないのは、依然としてわれわれは「悪い霊」の呪縛のもとにあるという点である。そうであれば、「私とは何か」という問いはどういうことになるであろうか。言うまでもなく、物体の本性に属しているとみなされるものは、「私」のものではあり得ない。それでは、精神の本性に帰属するものについてはどうだろうか。ここで栄養をとることや歩くことや感覚することは、「私」から排除される。なぜなら、これらは身体なしには不可能であり、「悪い霊」による懐疑が働いている限りは、身体は存在しないからである。結局、精神において唯一「考えること」だけが残る。その結果、「考えること」だけが「私」に帰属しているということになる。それゆえ、考えている間、私は存在する。かくしてデカルトは、「私とは考えるところのもの以外のものではない」と結論づける。すなわち、「私」は「精神」、「霊魂」、「知性」、「理性」である。しかし、これであのもう一つの身体もまた排除されてしまったということになるのだろうか。そうではない。面白いことに、それは別の形で残り続けているのである。

デカルトは一旦そのように答えた後、今度は想像力を使って、さらに「私」とは何かを探究する。結局、デカルトは想像力を働かせた結果、次の二つのことを獲得する。一つは「私」が確かに存在するということ、もう一つは、想像力は物体に関係するのみであるから、そこから何であれ「私」に関わる事柄を見出すことはできないということである。この探究の最後に、デカルトは次のように言う。「しかし、それでは私とは何か。考えるところのもの（res cogitans）である。それでは、考えるところのものとは何か。すなわち、疑い、理解し、肯定し、否定し、意志し、意志しない、想像し、感覚するところのものである」[11]。ここに到って、われわれはようやく、次のように問うことができる。すなわち、われわれがこの論考の最初に触れた、あのレヴィナスの表現、あの「私とは一つの考えるところのものである」という言い方に、とりわけ文中の「もの」という語に与えた、「驚くほど正確な」という表現はどこから来るのだろうか、と。なぜ、「考えるところのもの」という言い方の「もの」という語が「驚くほど正確な」と言われなければならないのか。

デカルトが繰り返し言うように、「私」のうちには精神しかない。いかなる意味でも、物体、すなわち身体はない。しかし、それでは、精神が存在するとはどういうことだろうか。デカルトはこうも言っていた。すなわち、思考する、ゆえに思考がある、ではなく、私は思考する、ゆえに私がある、と。それゆえ、「私とは一つの考えるところのものである」なのである。このことが示しているのは、考えるということは、或る特定の場所、位置を必要とするということではないか。レヴィナスの言い方では、それが「思考は出発点をもつ」ということではないか。しかし、この「出発点」とは何か。それは身体ではないのか。私が考えるのだとすると、「私は考える」は「私の身体」から始まるのであり、それを出発点にするのではないか。

しかし、第二節において詳しく説明するように、レヴィナスの言うこの「定位としての身体」、「出来事としての身体」は、デカルトが自然の導きによって発見し、彼自身が驚くことになった、自ら動き、感覚する力をもち、思考する力をもつ身体ではない。むしろレヴィナスの身体は主‐客や内‐外の区別を可能にする存在論的条件なのであり、いかなる意味でも「もの」ではない。しかし、ここではこれ以上は触れないでおく。他方、今問題になっているデカルトのもう一つの身体は、一見すると「悪い霊」による懐疑によって排除されることはないように思われるが、注意すべきはこれらの能力が身体の本性に属すわけではないという点である。デカルトが言うように、それらは精神の本性に帰属する。しかし、このような違いを別にすれば、確かにレヴィナスの言うように、懐疑によって排除された身体とは「対象としての身体」であって、運動し感覚し思考する身体ではないとひとまず言えるかもしれない。それでは、この「主体としての身体」はどこにあるのか。そのような身体などどこにもないのではないか。というのも、既に指摘したように、これらの自己を動かし、感覚し、思考する能力は身体の本性に帰属しているわけではなく、あくまでも精神の本性に帰属するものだからである。それゆえ、「一つの考えるところのものである私」の主観性は、物体から区別された精神、すなわち「心身分離の主観性」である。「第二省察」におけるデカルトの試みとは、このような徹底的な心身分離を行なうことにある。

改めて言うまでもなく、精神から分離された身体は「対象としての身体」にすぎない。したがって、それは懐疑によって排除される。もしも、運動し感覚し思考する身体から運動や感覚や思考の能力が失われたならば、そのときこの身体は「対象としての身体」に転落する。そうであれば、自然の導きによって発見された、このもう一つの身体もまた懐疑によって排除されることになる。心身分離を徹底すれば、残るのは、物体から分離された精神、すなわち「心身分離の主観性」しかない。しかし本当にそうだろうか。デカルトにはもう一つ、「心身合一」の考え方もあるのではないか。われわれは、レヴィナスがデカルトの「私とは一つの考えるところのものである」の「もの」という言い方に特別な注意を促した理由をそこに見る。この点については、「第六省察」の詳細な検討が必要である。今度は、「心身分離」だけではなく「心身合一」が問題になる。

なぜ、レヴィナスは「もの」という言い方に特別な意味を認めたのか。予めわれわれの答えを述べておこう。実は、最初にわれわれが引いたレヴィナスの文章は「ここ（ici）」という標題をもつ個所に出て来るが、彼によればこの「ここ」は観念論の習慣に従って空間の外部に置かれ、正当に扱われなかったものである。その後にあのデカルトの懐疑による「対象としての身体」の排除の文章が続く。ここでわれわれが注目したいのは、デカルトのコギトの最も深い教えとして、レヴィナスが「思考を実体として、自己を措定する何ものかとして」発見したことをあげ、その後で「思考は出発点をもつ」と言っている点である。レヴィナスはそれをさらに「意識の局所化」と呼び、問題は「知とは異なる何ものか、すなわち一つの条件」であると敷衍する。その後でレヴィナスは次のように言う。「知の知もまたここであり、それはいわば物質的厚みから、隆起したものから、頭から出てくる[12]」。種明かしすれば、これこそが「ここ」であり、身体である。レヴィナスの考える身体とはこうした物質性をそなえた「もの」、すなわち「物」なのである。それゆえ、思考は、「ここ」という、「物」という出発点をもたねばならない。言うまでもなく、この「物」、「身体」は、懐疑によって排除されることはない。というのも、それは思考の出発点であるから、今疑いを行使しているその最中において、その懐疑の支えとなっているものだからである。つまり、この出発点なしには、いかなる懐疑も不可能なのである。したがって、この「物」としての「身体」は懐疑の手から逃れる。こうして、われわれは思いがけない仕方で、あのデカルトのもう一つの身体に再会することになる。確かに、自己を動かし、感覚し、思考する能力をもつ「或る種の物体」としての身体は、一旦は懐疑の手にかかり、排除されたように見える。しかし、それはあくまでも精神から区別された身体であって、心身の分離を前提にした場合に限られる。もしそこに別の原理を置けば、どうなるか。レヴィナスの解釈がその一例であるが、デカルトにおいても心身の合一の立場に立てば事態は変わるはずである。ただし、デカルトの「私とは一つの考えるところのものである」についての解釈は上記の特別な意味での「私とは一つの考えるところの『物』、『身体』である」に尽きてしまうが、実はレヴィナスの身体概念にはこの先がある。次節の問題になるが、それは単にデカルト的な「もの」に尽きてしまうわけではない。

ここで「第六省察」に移って、心身の分離と心身の合一の問題を見ていこう。よく知られているように、「第六省察」のテーマは「物質的事物の存在」と「精神と身体との実在的区別」についてである。このうち、後者の問題はわれわれが今検討してきた、「心身分離」の問題に関わっている。すなわち、「第二省察」で論じられた同じテーマが再度検討に付されたものである。ここでわれわれが改めて「第六省察」を取り上げる所以でもある。前者の問題は、いわゆる物体の存在証明の問題として知られているものであるが、もちろん両方の問題が別々にあるわけではない。そこでまず、あくまでもわれわれの関心に従って、すなわち「心身分離の主観性」と「心身合一の主観性」という観点から、デカルトの記述を辿り直すことにする。最初の問題は、物質的事物が存在するかどうかである。彼によれば、物資的なものが純粋数学の対象である限り、それは確かに存在する。それは私によって明晰判明に認識されるからである。それでは、他の物質的なものについてはどうか。ところで、物質的なものに関係する能力は想像力であるが、それによれば同じく物質的なものは存在するように思われる。しかし、本当にそうか。

ここでデカルトは、想像力と純粋悟性の働きとの違いについて取り上げる。結局、両者の違いは、想像力の場合には特別に「心の新しい緊張」が求められるという点で異なる。しかも、悟性は私の精神にとって本質的であるが、想像の働きは私が私であることに何らの影響もない。したがって、想像力は、私以外のものに、すなわち物体に依存する。改めて整理すると、悟性の作用の場合には精神は自己を自己自身に関係させるが、他方、想像力においては、精神は自己自身を自分以外のものである物体に向け、そしてその物体において、私によって思考され、また感覚によって知覚された観念に対応する何ものかを直観する[13]。それゆえ、もしも想像の働きがそのようなものであるとすれば、物体は存在するということになる。しかし、それは、「蓋然的」にそう言えるのであって、「必然的」に成り立つわけではない。それでは、物体的本性以外のものを想像する場合についてはどうか。デカルトがあげている例では、色、音、味、苦痛などである。しかし、これらのものは感覚によって知覚されるのであり、それらを問題にするには感覚について取り上げる必要がある。

そこからデカルトは、今度は、感覚の問題を再検討することになる。まず、私が身体をもち、しかもこの身体は他の多くの物体の間に位置し、それらからさまざまな影響を受けている。それは私の中に快楽と苦痛の感覚として現われるが、その他私は自分の内部において飢えや渇きのような欲望を感じ、また喜びや悲しみや怒りといった情念を感じる。また、私の外部においては、物体のうちに、延長や形態や運動といった、いわゆる物体的本性一般だけではなく、堅さや熱、光や色や香りなどを感覚し、このことによって物体の区別を行なった。けれども、確かに、これらの観念は私自身に由来するものではなく、私以外のものから到来したとしか考えられないが、これで果たして私の外部に物体が存在するということになるだろうか。ここでデカルトは特に「或る特別な権利をもって私のもの」と呼ぶ身体について言及する。この身体は、他の物体と違って、決して私から切り離すことができない。また、「私」はあらゆる欲望や情念をこの身体において、この身体のために、感覚し、この身体において快楽と苦痛の刺激を認めた。それらは他の物体には認められなかったものである。しかし、これで心身の合一の事実を説明したことになるだろうか。そうはならない。というのも、なぜ苦痛や快楽の感覚から悲しみや喜びが、また渇きや空腹はそれぞれの欲求へと結びつくのかの説明がないからである。デカルトに言わせると、それらの結合の説明の根拠はただ「自然の教え」によるしかなかった。しかし、この教えは懐疑を免れない。デカルトが懐疑の理由としてあげているのは眠りの例と起源の作者への無知の二つであるが、以前の感覚についての懐疑と違い、ここでの感覚の見直しにおいて特に注目すべきは感覚から得たものは簡単に容認すべきではないが、他方でそのすべてに疑いをかけるべきではないということである。

その結果、次のことが判明する。まず、私の本性は「私が考えるところのものである」ということ、次に私が身体をもち、それと密接に結合しているが、私自身は考えるところのものであり、私の身体は延長であるところから、私と私の身体とは分けることができるということ、さらにまた悟性の働きと想像や感覚のそれとはやはり区別されるということである。もう一つある。それは「第二省察」で触れた、もう一つの身体概念の自ら動く能力に関わるが、私の中には「場所を変え、さまざまな姿勢を取る」といったような能力が見出される。しかし、ここでもまたデカルトはこれらの身体の能力を物体に帰属させる。しかし、そうだとすると、「第六省察」においても「第二省察」と同様に、デカルトは依然として心身分離の立場に立っているのではないか。しかし、ここからデカルトは別のことを言う。要するに、今度は能動と受動の関係を取り上げ、私の中には「或る種の受動的能力、すなわち感覚的能力、詳しく言えば、感覚的事物の観念を受け取り認識する受動的能力」があると言う[14]。ところで、このような「受動」があるためには、当然「能動」がなければならない。それでは、「能動」は私の中にあるだろうか。いや、私自身の中にはない。そうであれば、「能動」は私以外のものにある。すなわち、デカルトによれば、それこれが物体なのである。この物体こそが、言い換えればこの物質的事物こそが、感覚的事物の観念を産出、実現するところのものにほかならない。この後、デカルトは、神は欺瞞者ではないということを使って、物体的事物は存在すると言う。そしてこれがデカルトによる物体の存在証明である。

しかし、このような物体的事物の能動による私の受動が成り立つためには、私は身体をもち、それと緊密に合一した、精神と身体の合一体である必要があるのではないか。つまり、私とは「心身合一の主観性」でなければならないのではないか。私の身体が他の物体の間にあって、さまざまな影響にさらされているがゆえに、私において受動が可能になるはずである。そうであれば、ここでデカルトは「心身分離の主観性」から「心身合一の主観性」へと転換をはかったということだろうか。いや、事態はそう単純ではない。この後でデカルトは、今度は自然の教えについての見直しをはかった上で、二つの主観性の間を動揺し、最終的には「心身分離」へと到る。この最後の過程を見ておこう。

もちろんデカルトは、物体的事物について感覚によって把握することに信を置けと言っているのではない。そうではなくて、感覚の与えるものは不確実であるが、だからといってそこには何がしかの真理は認められると言っているのである。これは自然の教えによっても明らかである。自然の教えには全面的にではないにせよ、真理が含まれている。デカルトの言うように、それによれば、次のことは疑えない。すなわち、私が身体をもっていること、痛みを感じるときには調子が悪く、飢えや渇きを覚えるときには食べ物を必要とする。これらは疑うことができない。したがって、このような自然の教えには何ほどかの真理が認められる。こうしてここでデカルトは、「第二省察」における自然の導きによる教え、すなわち、運動し感覚し思考する「或る種の物体」としての私の身体の問題を再び見出すことになった。さらにここからデカルトは、心身合一について語る。私は身体に密接に結合し、混合し、一体になっている。このような、飢えや痛みや渇きなどの感覚による心身の合一は、船と水夫との外在的な関係とは異なり、精神と身体との内在的な合一や混合を示している。これはなるほど「混乱した意識状態」ではあるが、こうした合一によって私の身体とそれを取り囲む他の物体との間に、快不快をはじめ、多様な影響関係が生じる。それは「私の身体が、あるいはむしろ身体と精神とから合成されている限りにおける私全体」が私であるがゆえに、すなわち、私が「心身合一の主観性」であるがゆえに、成立するのである。

しかし、デカルトは以上の「精神と身体との合成体としての私」から再び「心身分離の主観性」へと後退することになる。なぜか。それは苦痛を避け快楽をもたらすものを求めるといった単純な事柄については教えるが、物体的事物の真理を知るといったような場合には純粋に悟性の働きに、つまり精神の働きに頼らざるを得ないからである。こうしてデカルトは、一方では感覚や知覚を「心身合一の主観性」に、また他方では純粋な知性作用、純粋な悟性作用は「心身分離の主観性」へと割り当てる。しかも言うまでもなく、これらの区別は不明瞭で混乱した知と明晰判明な知との区別でもある。

一体何が問題だったのだろうか。問題は二つある。一つは、デカルトは「心身合一の主観性」において、感覚や知覚の問題と純粋悟性の問題との統合をはかるべきだったのではないか。そうすれば、デカルトがここで実際に行なったように、混乱した認識と明晰判明な認識とを異なるに二実体に割り当て、身体と精神との実在的区別について語るのではなく、「心身合一の主観性」において、二つの認識の関係について統一的に説明する道が、彼に、そしてわれわれに、開かれることになったのではないか。もう一つは、ここには理論と実践との対立があり、結局デカルトはそれらの統一ではなく、明晰判明を旨とするテオーリアの真理性を選んだということなのではないか。それでは、プラクシスの問題はどこへ行くのか。本当の意味での、理論と実践との対立を乗り越え、両者を内部に包み込む「プラクシス」の道、すなわち「行為」の道を開くには、「心身合一の主観性」によるのでなければならないはずである。しかし、この道を開くには何よりも身体の問題を掘り下げ、そこから「魂の原理」から「身体の原理」への転換をはかる必要がある。今見たように、この道は、デカルトにあっては、一瞬開かれ、すぐさま閉じられてしまった。それでは、レヴィナスの場合にはどうか。レヴィナスの身体の問題に戻ろう。

二

レヴィナスは、「世界なき実存」第一節「エキゾチズム」を次の文章から始める。「われわれは世界との関係において自分たちを世界から切り離すことができる[15]」。デカルトであれば、「懐疑」を使ったところであるが、レヴィナスは還元もエポケーも使わずに、世界からの離脱について語る。世界から離脱してどこへ向かうのか。デカルトは無の深淵へと落ちていくが、レヴィナスの場合は夜の恐怖へと触れる。すなわち、無ならぬ、不在の現前としての「ある」「イリヤ」の沈黙のざわめきへと向かうことになる。

世界においてわれわれは、多くの事物や対象と関わっている。レヴィナスによれば、それらはさまざまな意味を与えられ一つの内面に準拠し、「実用の歯車」の中に組み込まれている。そこには事物のもつ「他性」などない。これがいわゆる自然的な自明性の世界である。しかし、レヴィナスはそこにも驚きがあり、異他的なものが潜んでいると考える。それを教えるものの一つが芸術である。芸術の基本的機能は、「対象そのものの代わりに、対象のイメージ」を与えることにある。このようなイメージによる世界との間接的関係は、「エキゾチズム（exotisme）」と呼ばれる。それは、対象を世界の「外」へ連れ出す。その結果、対象は自然に所有されたものでも、一つの内面に準拠したものでもなくなる。それは世界内にではなく、世界の「外」にある。この「外」にある事物はもはや対象ではない。それは他者でなければならない。

さらにレヴィナスによれば、芸術はまた知覚と感覚との区別を教える。知覚が与える外在性は事物そのものの外在性ではない。知覚による外在性は、世界の「外」をもたらすわけではない。それは、一つの内面性に準拠したものでしかない。他方、感覚は、むしろ対象への障害となるもので、主観に帰属するものでも知覚の素材でもない。それゆえ、感覚、美的なものは、世界の「外」、すなわち、「主‐客」や「内‐外」の区別をもたない「エレメントという非人称性」への還帰なのである。それでは、この世界から離脱した事物がもたらすものとは何か。それは事物そのものの「物質性」である。レヴィナスは次のように言う。「存在の物質性の発見は新しい質の発見ではなく、存在の形のないうごめきの発見である。存在が既にわれわれの『内部』に準拠している形の明るみの背後において――物質はあるの事実そのものである」[16]。

こうしてわれわれは、懐疑を用いることなしに、世界から離脱し、世界の外そのものにほかならない「物質」、「物質性」としての「ある」「イリヤ」を発見する。それでは「ある」とは何か。それにしても、なぜ、レヴィナスはデカルトのようにそれを「無」と言わないのだろうか。第二節「実存者なき実存」の書き出しの文章でレヴィナスは次のように言う。「あらゆる存在者が、すなわち事物もひとも無へと帰したと想像してみよう[17]」。デカルトと違って、「懐疑」ではなく「想像」であるが、「無」は出て来る。しかし、レヴィナスはそこに「存在の無名の流れ」を見る。この「無」にあっては、主も客も内も外もないが、また物もひとも不在であるが、間違いなく何ごとかが起こっている。レヴィナスは次のように言う。「この『何ごとかが起こっている』の未規定性は主語のそれではないし、また実詞に関わるわけでもない。それが示しているのは、非人称構文の三人称の代名詞のようなものであり、行為の未知の担い手ではなく、いわば担い手をもたない、無名であるような行為そのものの性格である。存在の非人称的で、無名の、しかし消し難いこの『焼尽』、無そのものの底でざわめいているこの『焼尽』を、われわれはあるという語で定める。あるは、人称的形態を取ることへの拒否において、『存在一般』なのである[18]」。

以上のように、レヴィナスもまた「無」へと落ちていく。けれども、なるほどここでわれわれは何ものにも関わっていないが、だからと言って、この「何もない」は純粋な「無」というわけではない。レヴィナスはパスカルの「無限の空間の沈黙」を引き、この「無」、すなわち「ある」の無名性、非人称性、普遍性を強調する。一言で言えば、それは不在の現前である。レヴィナスはまた、この「ある」に触れることをレヴィ＝ブリュールから借りた「恐怖（horreur）」という語で表現する。恐怖とは、レヴィナスが「逃走について」において身体の諸感情の分析を試みた際に既にその限界を示唆していたように、「吐き気」や「死の不安」とは異なり、主体の主体性も存在者の個別性も奪い取ってしまう「ある」への融即である。それゆえ、レヴィナスの恐怖とハイデガーの不安とは根本的に異なる。「あるの経験である夜の恐怖が示しているのは、それゆえ死への恐れでも苦痛への恐れでもない。この点がこの分析全体の本質的なところである。ハイデガーの不安の純粋な無はあるを構成しない。存在の恐怖は無の不安に対立する。それは存在することの恐怖であって、存在に対する恐怖ではない。存在に襲われ、『何ものかではない』ような何ものかへと引き渡されている恐怖である[19]」。

　以上のように、問題は、存在することの恐怖であって、無への恐怖ではない。ハイデガーの無への不安は「死への存在」の成就へと行き着くが、存在することの恐怖はむしろいつまでもあり続けることを意味する。つまり、死の不可能性を意味する。それでは、ベルクソンによる無の批判の場合はどうだろうか。レヴィナスによれば、ベルクソンは存在の概念が抹消された存在の観念に等しいことを示した点で、また無の思考が錯覚であることを示した点では正しいが、彼が目指しているのは「存在者の必然性」の証明にほかならない。すなわち、彼の無の批判の場合には、否定の反復の結果、存在するところの何かが残る。しかし、この何かは存在者としての何かであって、決して存在一般としての「ある」ではない。パスカルの「無限の空間の沈黙」をはじめとして、ハイデガーやベルクソンを経由して、改めてレヴィナスは「ある」について次のように言う。「何もない、しかし力の場のように存在がある。闇は、たとえ何もないとしても、それでも作用し続けているような実存の働きである。われわれが『ある』という語を導入したのは、まさしくこの逆説的な状況を表現するためである[20]」。

このように見てくると、デカルトの無の深淵とレヴィナスの夜の恐怖としての「ある」はなるほど同列に扱うわけにはいかないだろう。しかし、われわれが問題にしているのはいわば両者が留まる境位についてである。存在者が排除され消滅したこの水準において、どのようにして存在者の誕生を言うのか。この問いはデカルトにあっては、懐疑の恣意的な停止と「私はある、私は存在する」になる。ただし、レヴィナスが指摘したように、デカルトの場合、この水準は非人称的次元とは言い難い。デカルトの「無」は、レヴィナスの「ある」の普遍性を知らない。それに対して、レヴィナスの「ある」の場合には、われわれが今見たように、この水準は非人称的で無名の次元にあり、何ものもないがそれにもかかわらず存在することの働きが、すなわち実存することの働きが働き続けているところの「普遍的な力の場」なのである。それゆえ、レヴィナスは「無」ではなく「ある」という言い方を用いる。レヴィナスにとっては、デカルトの「無」であれ、現代哲学の無の批判における「無」であれ、「無」は今なお不在の現前としての「ある」の逆説的性格や弁証法的性格を知らないままである。また、この「ある」の性格への無知は、「無」への誤解、要するに「無」を存在の否定や限界とみなす考え方に由来する。しかし、レヴィナスの狙いは「無」そのものを否定することにあるのではない。それでは、「無」を別の仕方で考えることはできないか。レヴィナスの答えは、「無」を存在の「間隔」や「中断」とみなすことである。そして、「睡眠や中止やエポケーの能力」をもつ意識をこの「間隔としての無（néan-interval-le）の場」と考えることである。それでは、このような無の考え方によって、レヴィナスは存在者なき存在、すなわち「ある」「イリヤ」において、存在者の誕生をどのように言うのか。

「イポスターズ」の問題を検討してみよう。レヴィナスは不眠の体験を取り上げる。起きている理由がないまま、眠ることができない。ひとはずっと目覚めたままである。このような「夜の闇の沈黙の恐怖」が支配する状況は、レヴィナスにとってどのような意味をもつのか。この状況においては、夜の闇の中にすべてが消え去り、何も残っていないように見えるが、レヴィナスはこの「無名の実存のざわめき」において「現前という裸の事実」の回帰を見る。すなわち、この「何もない」において、このあらゆるものの「不在」において、事物も意識もすべてを包み込む「ある」という普遍的事実が回帰する。これはわれわれにとっての無の体験ということになるのだろうか。そうではない。「ある」にあっては、目覚めていることや夜の警戒はあるが、主体はない。それでは、誰が目覚め、誰が警戒しているのか。もちろん、「私」ではない。むしろ、「ある」が目覚めているのであり、不眠とは存在そのものの、実存そのものの不眠なのである。それでは、「ある」の不眠を破って、眠りをもたらすものとは何か。それが先に無の問題の個所で触れた、意識の能力、すなわち、中断の、眠りの、無意識の、エポケーの能力である。この能力によって、意識は自分自身へと後退することで、「ある」の不眠の中に、断絶や中断や停止をもたらす。しかし、まだ何かが足りない。レヴィナスはそれについて次のように言う。「瞬間が存在の中に侵入するためには、いわば存在の永遠そのものである不眠が停止するためには、一つの主体の定位が必要であろう」[21]。それでは、レヴィナスは「定位（position）」という語で何を考えているのだろうか。

改めて言うまでもなく、「イポスターズ」の問題とは、存在者なき存在において、すなわち「ある」において、いかにして存在者が誕生するかということであった。この問題を取り上げるにあたって、われわれがここで注目したいのは、つい先ほど引用された文中の、「いわば存在の永遠そのもの」という言葉である。この「存在の永遠そのもの」とは何か。言うまでもなく、「不眠」で言われている事態、いわば永遠の今、すなわち「ある」である。したがって、「定位」ということで問題になっているのは、この永遠の今たる「不眠」の中断や停止がいかにして可能かということである。あるいは、これと同じ事態であるが、「瞬間の存在の中への侵入」、すなわち、「ある」において「現在の瞬間」がいかにして生じるかということである。そうであれば、この問いにうまく答えることができれば、レヴィナスの言う「イポスターズ」の事態の解明につながるはずである。

なぜ、「定位」が必要なのか。レヴィナスによれば、意識とは、無意識へと後退する能力をもつがゆえに、「ある」を中断する可能性、すなわち、不眠の停止、眠り、の可能性があることになるが、これらの可能性は、彼自身が既に「疲労」の分析の個所で示したように、存在のそれ自身との「ずれ（décalage）」に由来する。[22] そうであれば、今問題はこの存在のそれ自身との「ずれ」である。この「ずれ」は存在そのものの次元において起こっている事態であるから、当然「ある」そのものにおいて生じる「ずれ」でなければならない。それでは、先に引かれた、一つの主体の「定位」は、この「ずれ」とどのような関係にあるのか。ところで、レヴィナスは、こことは違う個所で、すなわち努力と瞬間との関係を取り上げた個所で、「実存の無名の流れの只中に停止と定位がある」と述べていた。[23] そうであれば、「実存の無名の流れ」、すなわち「ある」において「ずれ」が起こり、そしてそこに停止や定位があるということになるのではないか。結局、「実存の無名の流れ」という言い方からも解るように、「ある」の究極の問題とは、時間の「ずれ」の問題、永遠の存在の自己定位の問題、すなわち現在の瞬間の問題になるのだが、レヴィナスは『実存から実存者へ』においては逆に「ある」における「停止」や「定位」の問題、要するに、身体の問題から、時間の「ずれ」の問題へと移っていく。時間の「ずれ」、すなわち「瞬間」の問題と、「定位」としての身体の問題との関係を扱う場合、いくつかやり方があると思われるが、ここでは、レヴィナスに従って、われわれもまた彼の辿った道を追跡しよう。

レヴィナスの場合、「定位」の問題は身体のそれに尽きる。この論考の最初に述べたように、われわれは既にこの問題について前章で詳しく論じた。それゆえ、ここでは、特に本章に関わるところを中心に取り上げる。第一節で触れたように、レヴィナスによれば、デカルトのコギトの最も深い意味は、思考を実体として規定したことにある。なぜそれが重要なのか。それは思考が出発点をもつということを教えているからである。それでは、思考が出発点をもつとはどういうことか。それは意識の局所化であり、思考の「ここ」化である。「局所化」とか「ここ」とはどこか。それは物質性としての身体である。要するに、身体への「局所化」であり、身体という「ここ」である。それゆえ、「局所化」も「ここ」も空間内の一つの場所に関わる問題ではない。興味深いのは、レヴィナスは、非人称的で絶えることのない永遠の真理がこの身体の一つの頭の中で、すなわち身体という「ここ」で表明され、眠りをもたない永遠の今が同じくこの身体という「ここ」で始まったり終わったりするということ、つまり「ある」の自己限定が身体において起こっているということを、デカルトの「私とは考えるところのもの」の「もの（chose）」の解釈から導き出している点である。したがって、「局所化」も「眠り」も、身体という「ここ」における出来事、すなわち、「出来事なき出来事」、「内的出来事」、として考える必要がある。レヴィナスは「眠り」について次のように言う。「眠りである限りでの無意識は生のもとで活動している新しい生ではない。それは、非-融即による、横になることの初次的事実（fait élémentaire de reposer）による、生への融即である」[24]。この休む、眠る、横になるという《reposer》という語に注意しよう。この語は、存在と行為との関係に触れた文脈の中に置かれたものであるという点で単純に重ね合わせることはできないが、「実存との関係と瞬間」の章の末尾に置かれた、レヴィナスの次の文章を想起させる。これは、「実存者の実存は本質的に行為である」の後に続く一節であるが、「実存者は実存者が活動していないときでさえ、行為のうちにある。この無活動の活動とは、一つの逆説ではない。それは土の上に自分を置くという行為そのものであり、それは、休息というものが一つの純粋な否定ではなく自分を維持することの緊張そのもの、ここの成就である限りにおいて、休息なのである。休息の基礎的活動、土台、条件はそれゆえ存在との関係そのものとして、実存における一つの実存者の出現として、イポスターズとして現われる[25]」。「休息（repos）」という語は先にわれわれが触れた、「休むこと、横になること、眠ること」としての《reposer》とすぐさま結びつく。行為と存在との関係の問題は別の機会に取り上げるとして、今は特にこれらの語が「イポスターズ」の出来事と深い関連をもつということを指摘しておく。

それでは、このような休息、すなわち、横になること、休むこと、眠ることという行為にはどのような意味があるのだろうか。レヴィナスによれば、それは「実存を場所に、位置に限定すること」である。すなわち、「ある」において「ある」それ自体が自己を限定することである。ここで使われている「位置」という語は、先にわれわれが「定位」と訳した、《position》という言葉である。言うまでもなく、これらは同じ事態を指している。すなわち、「イポスターズ」である。先に「局所化」がそうであったように、「場所」や「位置」も客観的空間とは無関係である。それは土台や条件でなければならない。したがって、休息や横たわることや眠ることは、存在の中断であり、「ある」の一時停止なのである。もちろん、先にわれわれが触れたように、意識の自己への引き込もりや後退はこれらの存在の中断としての一連の行為に由来する。しかし、横になったり眠ったりするのは意識ではない。意識は土台や条件を必要とする。すなわち、「定位」そのものにほかならない、「物質性」としての身体を必要とする。それゆえ、意識は「定位」としての身体、「ある」の自己限定としての位置や出発点としての身体という土台をもたない限りは、意識ではあり得ないのである。それゆえまた、この「ある」の自己定位、すなわち、場所や位置や土台や条件、つまり身体がなければ、「ある」において実存者の誕生はあり得ないのである。

　この身体はデカルトの「心身合一の主観性」ではない。むしろ、それに先立つ、より根本的な出来事としての身体である。デカルトの主観性は言ってみれば、存在者でしかない。レヴィナスがここで問題にしている身体は「定位」としての身体であって、いわば「ある」の自己定位としての身体である。この身体がなければ意識も思考もあり得ないという点で、それはあらゆる主観性の可能性の条件なのである。もちろん、身体は単なる物質ではない。しかし、それは身体が一種の精神性をもつという理由からではない。レヴィナスが言うように、「身体はその定位によって、あらゆる内面性の条件を成就する」[26]からである。したがって、デカルトの二つの主観性はレヴィナスのこの定位としての身体から見ると、いずれも「イポスターズ」の結果でしかない。ただし、それでもわれわれは「心身合一の主観性」としての身体がレヴィナスのこのような身体の延長上にあることを疑ってはいないが、しかしながらそれはまた別の問題を構成することになるだろう。その問題に答えるためには、「ある」の自己定位と、定位としての身体概念から始めて、心身合一の主観性としての身体概念への移行を詳細に論じる必要があるだろう。しかし、それは本章の課題を超えている。身体と時間の問題に移ろう。

三

以上のように、レヴィナスは身体を「ある」の自己定位、すなわち、身体を「イポスターズ」の出来事そのものとして捉えた上で、今度はさらに定位としての身体の問題を追求して、身体と現在としての瞬間の問題を取り上げる。われわれもまたレヴィナスを追跡することで、「ある」の自己定位としての現在の瞬間の誕生の問題に迫ってみよう。というのも、身体の問題とは畢竟この瞬間の問題、この現在の瞬間の問題に帰着することになるからである。

それにしても、なぜ定位としての身体が現在の瞬間の問題になるのか。それは、レヴィナスが「現在とイポスターズ」の冒頭で言うように、定位としての身体が「現在としての瞬間の出来事そのもの」だからである。これはどういうことか。ここでわれわれが「第二節」で取り上げた「無」の問題について思い出していただきたい。レヴィナスはいくつかの無の問題の検討を行なった後、「中断」とか「間隔」としての無の概念を導入する。ただしそれは意識の自己への後退に関する事態が問題になっている個所であって、身体が問題になっているところではなかった。しかし、この新たな無の概念は、意識にはではなく、むしろ身体にこそ適用されるべきものである。というのも、レヴィナスの「間隔としての無の場」とは、意識の局所化の場所、意識の土台、条件、「ここ」という場所、である身体にほかならないからである。こうしてわれわれは再びあの「ずれ」の問題、存在と存在との差異化の問題、要するに「ある」の自己差異化の問題へと戻って来た。それゆえ、問われなければならないのは瞬間の出来事とは何かという問題である。そこで何が起こっているかの解明である。

改めて言うまでもなく、ここで問題になっているのは、「ある」における実存者の誕生、すなわち、実存と実存者との結合という事態である。したがって、定位としての身体、すなわち、「現在としての瞬間の出来事」は、「ある」としての実存とそこから「イポスターズ」によって出現する実存者との両方に関わっている。この事態について、レヴィナスは次のように言う。「自分自身によって存在すること。瞬間が存在するこのような仕方、それが現在であるということである。現在は歴史を知らない。現在において、時間あるいは永遠の無限性は中断され再開される。現在はそれゆえ、そこで存在一般があるだけではなく、一つの存在、一つの主体もまたあるような、存在における一状況である[27]」。繰り返しになるが、現在があるためには、「存在一般」があるだけではなく、一つの主体がなければならない。しかし、その前の文章、「現在において、時間あるいは永遠の無限性が中断され再開される」とはどういうことか。特に「中断」と「再開」とは何を意味しているのか。

レヴィナスが述べているように、現在は自己以外の何ものにも準拠しない。また現在は、自己自身から出て来る。それゆえ、それは未来に抗うものである。ところで、レヴィナスによれば、このような現在の概念には自己消失や自己滅却が含まれている。したがって、現在は持続も連続性ももたない。現在は瞬間瞬間に死滅し、復活する。もちろん、消滅がなければ復活はない。実はこの事態こそが、先にわれわれが「中断」と「再開」で問題にしたことなのである。レヴィナスは、次のように言う。「現在の消失は、その主体性の代価、すなわち、存在の純粋な出来事の転換、つまり出来事から実詞への転換、要するにイポスターズの代価なのである[28]」。要するに、現在の消失ということ、停止や中断ということ、再開ということで言われているのは、現在とは「一つの主体の成就」であるという事態である。

ところで、それでは、デカルトは、以上のような現在、瞬間の問題をどのように考えていたのだろうか。「第三省察」における彼のいわゆる連続的創造の考え方を取り上げてみよう。実は、この考え方は、「第三省察」の中の二つ目の神の存在証明の議論の途中で触れられたものである。二つ目の証明とは、原因を探っていって、神の存在に行き着くというものであった。今私はこのように存在していると仮定できる。しかし、この仮定から、私の存在の作者についてこれ以上追求する必要はないのだろうか。そうではない。というのも、私の一生の全時間は無数に分割可能であり、しかも各部分は他の残りの部分に依存しない以上、次のことが帰結するからである。すなわち、「私がすぐ前に存在したということから、今私が存在しなければならないということにはならない。私が存在するためには、或る原因が私をこの瞬間にいわばもう一度創造するということ、言い換えれば私を保存するということがなければならない[29]」。そして、このすぐ後でデカルトは次の点を付け加える。時間の本性によれば、各瞬間における保存と新たな創造とは同じ力が必要になる。それゆえ、保存と創造の違いとは単に考え方の違いでしかない。それらの事態は同一なのである。ところで、そうであれば、私は私に問わねばならない。「私は現に存在するところのこの私をすぐ後でまた存在せしめるような或る力をもっているだろうか」。

この問いはきわめて重要である。デカルトの問いは終始「現象的次元」で展開されているが、レヴィナスの問題を考えるにあたって、この「現象的次元」を離れて、「ある」と「イポスターズ」の次元へと移行し、今引いた文章の「私」の個所を「現在」や「瞬間」に置き換えると、一層問題は明確になるだろう。ところで、デカルトの答えは明確である。私にはそのような「力」はない。それゆえ、「或る原因」が連続的に創造しない限りは、私は存続し得ないことになる。それでは、レヴィナスの場合はどうか。レヴィナスは、デカルトだけではなく、マルブランシュにも訴えかけて次のように言う。「デカルトやマルブランシュの連続創造説は、現象的次元では、瞬間が次の瞬間に自分自身では追いつくことはできないということを意味している。（中略）しかし、マルブランシュの見識の深さは以下の点にある。マルブランシュは、創造主に対する被造物の真の依存を、創造の起源のうちに、また創造主の新たな意志によって無へと還元される可能性のうちに置いたのではなく、被造物が実存において自己を保存することの不可能性のうちに、またその被造物が全瞬間に神の力の実効性に依拠せざるを得ないということのうちに位置づけたのである[30]」。それでは、なぜこれが深い見方なのか。というのも、マルブランシュはここに「瞬間そのものに内属するドラマ」や「実存を求める戦い」を見ているからである。要するに、マルブランシュにとっては、瞬間の出来事は他の瞬間との関係の中にはないのである。

かくして、われわれは再びデカルトへと戻ることになる。連続創造説の基本は、瞬間は自分自身によって次の瞬間に追いつくことはできないという点にあった。それゆえ、そこからデカルトもマルブランシュも、瞬間における「超越的関係」、すなわち神の連続的創造を見出すことになったが、それとは別にデカルトは実に興味深い問いを立てていた。つまり、「私は現に存在するところのこの私をすぐ後でまた存在せしめるような或る力をもっているだろうか」。なぜ、この問いが重要だったのか。改めて言い直すと、レヴィナスが与えた「瞬間」の定義、「どこかから出発するというのではない自己への到来の運動」という定義がこの問いに対する回答になり得るからである。ここにはもちろん連続的創造の考え方はない。しかし、「瞬間」には「現に存在するところのもの」を「すぐ後でまた存在せしめるような或る力」があるとしたら、われわれもまた神の力に頼らなくてもよいということになるのではないだろうか。しかし、この点についてはさらに追究する必要がある。

ところで、レヴィナスによれば、「瞬間」の問題は哲学的思考において、常に等閑視されてきた。例えば、抽象的時間と具体的時間との区別の問題があるが、そこで問われているのが「現在」という比類なき瞬間であるにもかかわらず、それが理解されたとは言い難い。何が問題だったのだろうか。デカルトやマルブランシュの連続的創造の思想が示しているように、見逃されたのは「瞬間と実存との例外的な関係」である。レヴィナスは次のように言う。「瞬間は、自分に先行し、あるいは自分に後続する諸瞬間と関係する前に、実存を獲得する行為をもつ。各々の瞬間は一つの始まりであり、一つの誕生である。（中略）瞬間はそれ自身によって一つの関係、一つの征服であるが、だからと言って、この関係は何らかの未来あるいは過去に、またこの過去あるいは未来のうちに置かれた一つの出来事に準拠しているわけではない。瞬間とは、それが始まりや誕生である限り、独自の関係、存在との関係、存在への加入なのである[31]」。しかも、興味深いことに、この「始まり」の逆説、すなわち、或る始まりの瞬間が自己自身に先立つ瞬間から始まるのではなく、それ自身から、すなわち始まりそれ自身の後退から始まり、瞬間が成立するという逆説は、先にわれわれが取り上げた、あのマルブランシュの問題に一つの解答を与えることになる。レヴィナスは次のように言う。「創造主による創造の神秘とは別なところに、すなわち創造の瞬間において、被造物の時間のすべての神秘がある[32]」。

それでは、「創造の瞬間」において何が起こっているのか。それは、瞬間それ自体において、瞬間の消滅、すなわち死と、瞬間の現前、すなわち復活が同時に起こるということである。まさしく瞬間という語が示しているように、「瞬間（instant）」とは「立ち止まりのうち（in-stance）」にあるということである。この瞬間そのものの逆説をさらに追究していくと、どういうことになるだろうか。レヴィナスが言うように、「瞬間は実存と例外的関係をもつ」としても、したがって、瞬間が、存在すること、すなわち「ある」との接触であるとしても、ここには時間の連続性、つまり持続はない。しかし、レヴィナスは持続を実存の尺度と考えてはならないと言う。瞬間の逆説で問題になっていたのは、瞬間の消滅が同時に瞬間の現前であるという事態である。レヴィナスによれば、この瞬間の消滅が、この瞬間の死が、反対に、「瞬間の存在との接触の充実を条件づけている」ものにほかならない。しかも、この充実は習慣でも過去の遺産でもなく、まさしく現在なのである。レヴィナスは、この事態を「現在の絶対性」と呼ぶが、それは今われわれが追求している問題で言い換えれば、実存と実存者との関係の絶対性にほかならない。言うまでもなく、この関係の絶対性とは「イポスターズ」の問題そのものに属す。つまり、「ある」における実存者の誕生の問題に帰する。ところで、このような実存と実存者との関係の絶対性は「瞬間」において生じる。「瞬間」が逆説的であるのは、この関係が一つは実存者の側から実存の支配が見られること、またもう一つは、反対に、実存は実存者に対する重圧になることに起因する。したがって、「瞬間の出来事そのもののドラマ」の内実とはこの実存と実存者をめぐる二重のドラマからなるのである。

なるほど、ここには、瞬間と実存との例外的関係は見られるが、瞬間と瞬間との関係はどこにも出てこない。レヴィナスの言うように、実存の盃はすべて飲まれてしまい、もはや明日のためには何も残っていない。ここには終わり、すなわち死しかない。もっと言えば、死はあるが、復活、すなわち、生がない。レヴィナスが繰り返し言うように、瞬間における本質は「立ち止まること」、つまり停止や中断なのである。しかし、レヴィナスはこの停止は一つの出来事を秘匿していると言う。それでは、そこに何が隠されているのか。停止や立ち止まりが隠している出来事について、レヴィナスは次のように言う。「現在の瞬間の自己への準拠は、場所からなる、立ち止まりによって可能になる。現在の『停止』は定位の努力そのものであり、この努力において現在は自己に追いつき、自己を引き受ける。この研究を始めたとき、そこで、われわれが自分自身とのずれにおいて自己を取り戻す、瞬間の分節化を発見することになった、努力と労働は、自分たちの土台として役立つ定位の努力と緊張へと送り返される[33]」。このすぐ後で、レヴィナスはメーヌ・ド・ビランの努力概念を批判する。すなわち、彼は世界に向けた努力しか見ていない。それは主体の経験を与えるが、主体の成就はもたらさない。定位は世界に向かう行為や労働とは別物である。むしろ定位はそういった努力の土台や条件であり、この定位の出来事なしには主体も「意志と抵抗」もあり得ないのである。

かくしてレヴィナスは、世界に向けられた努力と自己に向けられた努力とを区別する。すなわち、自己を超越する努力としての行為と、自己を超越しない定位としての行為とである。それは、ビラン的な意志することと、レヴィナス的な存在することとの違いでもある。改めて要約すると、重要なのは、定位の行為が意志の努力の基礎であるという点、またこの定位の行為こそが「現在」や「私」や「主体」を構成するという点である。したがって、定位の出来事としての身体という考え方は、自我と実存との関係に対してまったく新しい意味を与える。それは「イポスターズ」という出来事の意味にほかならない。まず原初の事実として、「ある」の基底に存在者が出現する。レヴィナスの身体概念が示しているのは、この事態に狙いを定めた、「ある」が定位する場所としての身体なのである。この考え方は従来の身体概念を一新するものである。われわれの言い方をすれば、レヴィナスの身体概念はデカルトの「心身合一の主観性」を最も深い所で把握し、この主観性を可能にする存在論的概念なのである。その意味では、デカルトは決してこの存在論的次元を知らなかったとはいえ、それを最もラディカルな仕方で概念化したものと言えるのではないか。

しかし、これでは答えになっていない。最後に残された問題がある。先にレヴィナスが触れた、自己によって自己自身に追いつく努力における「瞬間の分節化」の問題である。『実存から実存者へ』の最初の章「実存との関係と瞬間」の初めのところで、レヴィナスはデカルトの名前をあげて、次のように言う。「永遠に再び始まる存在の征服、あたかもこの征服がデカルト的時間の中で起こっているかのように。デカルト的時間とは非連続的瞬間に属し、それらの瞬間瞬間は無から出て来る[34]」。「存在の征服」とは実存者と実存との結びつきのことであり、一切に先立つ原初的事実としての「私は実存する」である。この始まりは瞬間瞬間において永遠に再び始まる。言うまでもなく、デカルトは、「私は実存する」に対しては、その瞬間瞬間の非連続を主張し、他方「再び始まる」に対しては、神の連続的創造によってそれらの連続を考えた。それでは、レヴィナスはどうか。もちろん神の力に頼ることのできない彼は、瞬間瞬間において非連続の連続を置いた。すなわち、瞬間の停止と再開である。死と復活である。レヴィナスは、この仕組みによって、瞬間瞬間の非連続と連続とを考えたのである。それでは、この逆説的事態はどのように説明されるのか。死と復活は同時に成り立つのだろうか。

　レヴィナスはまたベルクソンが純粋持続の下敷きにしたメロディについても触れている。メロディの中の瞬間瞬間はそれぞれ独立してそこにあるわけではない。瞬間瞬間は、全体として本質的にメロディに結合されている。それゆえ、メロディの中には瞬間はない。レヴィナスは次のように言う。「メロディの瞬間瞬間は死ぬためにだけそこにある。間違ったキーは死を拒んでいる音である」[35]。ただし、この引用に関するレヴィナスの真意は決してベルクソン的持続を称揚するためではない。むしろ、逆である。ベルクソンはメロディにおける瞬間瞬間の死を言うが、それは本物の死だろうか。われわれはそこに死の不在を見るべきではないのか。というのも、メロディを構成する瞬間瞬間はメロディ全体にとってでしか意味をもたないからである。むしろレヴィナスの言うように、メロディの持続においては、瞬間瞬間は自己を所有することも立ち止まることもない。それゆえ、この持続においては、瞬間は現在ではないのである。この問題は、先のデカルト的時間の問題とともに、レヴィナスにおいて現在や瞬間の問題を考える上で、きわめて重要な立脚点になる。というのも、今のベルクソン的持続における瞬間瞬間の問題は、そのままレヴィナスにおける現在や瞬間の問題に応用できるからである。レヴィナスが言うように、現在もまたメロディにならって言うと、やがて消えていくことになる。したがって、それが消失しないとすれば、そこには何かがなければならない。間違ったキーのように、メロディを掻き乱す何かがなければならない。それでは、それは何か。

レヴィナスは怠惰や疲労において既にこの乱れが生じていると考えた。要するに、存在の存在に対する「ずれ」である。この「ずれ」はどこから来るのか。言うまでもなく、実存と実存者との「ずれ」から来る。レヴィナスはこの「ずれ」の問題を追究するために、「疲労」の分析から「努力」の問題を導入し、この「努力」において、先にわれわれが触れた現在の瞬間の分節化の試みに取りかかる。この努力の瞬間において何が起こっているのか。真の意味での瞬間の死と復活のドラマもまたここにあるのではないか。先ほど触れたベルクソンの持続、メロディの持続には、瞬間の真の意味での死と復活はない。それに対してレヴィナスは努力の持続を言う。「努力の持続は全体として諸々の停止からなる。努力が自己を成就する働きを一歩一歩辿るというのは、この意味においてである。持続において、努力は時間の糸を断ち切っては再び結び直すことによって、瞬間を引き受ける[36]」。また、努力は自分が引き受けることになる瞬間に常に遅れ、いつまでも関わり続ける不可避の現在としての瞬間に何とかして追いつこうとする。しかし、この努力の持続を作り上げている停止や中断は努力そのものに由来するわけではない。停止や中断、すなわち定位は「実存の無名の流れ」の只中にある。要するに、努力はこの停止や中断や定位が作り出すずれにおいて成立するのである。それゆえ、レヴィナス的な意味での自己に向かう努力はこの「ずれ」や「遅れ」のうちで瞬間に追いつくこと、つまり「瞬間の成就」にほかならない。

そして、この「ある」における瞬間の成就はいつまでも続くことはない。それはやがて失われるだろう。しかし、この消失はその消失そのものの中に次の瞬間の誕生を抱え込んでいる。「ある」の次元で言えば、「ある」から出現する「イポスターズ」の出来事そのものである「自己への到来としての瞬間」は、これはまた定位としての身体によって可能になるのだが、今度は「ある」へと転落し、この「ある」への回帰のうちに次の瞬間の再開として、次の瞬間の再び始めることとして復活することになる。こうして現在の瞬間の非連続の連続は努力の持続において確保され、その次の瞬間、またその次の瞬間と実存から実存者との結びつきにおいて繰り返されていくことになる。すべては定位としての身体において。

以上のように、われわれは、前期レヴィナスの身体概念の深い意味を明らかにするために、デカルトの二つの主観性、すなわち、「心身分離の主観性」と「心身合一の主観性」を手がかりにして、「イポスターズ」の出来事に問いかけ、前章に続いて、「定位としての身体」の概念までに到った。われわれは、直接のつながりはないにせよ、このレヴィナスの身体概念こそ、デカルトの「心身合一の主観性」の最もラディカルな継承であり、深化であると考えるが、この身体をさらに現在の瞬間の出来事そのものとして把握し、最終的に時間の問題へと踏み込むことになった。そのことで何が明らかになったのか。もはやデカルトの「心身分離の主観性」、すなわち、純粋悟性を旨とする「魂の原理」への後戻りはできないということ、逆に「心身合一の主観性」、知覚、感覚を旨とする「身体の原理」へと向かう道が開かれたのではないかということである。レヴィナスの次の言葉に注目しよう。すなわち、身体の精神性は内面の表出にあるのではなく、身体はむしろその定位によって内面性のすべての条件を可能にする。

これこそがわれわれの哲学の出発点なのではないか。ちょうど、ニーチェの「大いなる理性」としての身体のように。

残された問題がある。それは時間と他者の問題である。レヴィナスの瞬間は孤独である。そこには他者の問題がまだ出て来ない。しかし、時間の問題をさらに問いつめていくと、当然そこには他者が、またそれだけではなく、死と復活としての時間の問題が出て来るだろう。しかし、それは章を改めて論じることにしたい。さらにまた、それと同時に、存在と行為の問題が残された。レヴィナスの行為概念には実は二つの意味があるが、その存在論的意味について検討する必要がある。存在と行為とはどのような関係にあるのか。この点についても別の機会に。

註

（1）本書四四頁および拙稿「吐き気からイポスターズへ――初期レヴィナスにおける身体の問題――」『哲学論究』第二五号（同志社大学哲学会編）、二〇一一年、三五頁。
（2）Emmanuel Levinas, *De l'existence à l'existant*, J. Vrin, 1981, p. 117.
（3）*Ibid.*, pp. 128–129.
（4）*Ibid.*, p. 129.
（5）Emmanuel Levinas, *Totalité et Infini*, Martinus Nijhoff, 1980, p. 65.
（6）*Ibid.*, p. 66.
（7）*Ibid.*

(8) Descartes, *OEuvres philosophiques II 1638-1642*, Edition de F. Alquié, Classiques Garnier, pp. 181-182.
(9) *Ibid.*, p. 184.
(10) *Ibid.*
(11) *Ibid.*, pp. 185-186.
(12) Emmanuel Levinas, *De l'existence à l'existant*, pp. 117-118.
(13) Descartes, *op. cit.*, p. 222.
(14) *Ibid.*, p. 227.
(15) Emmanuel Levinas, *op. cit.*, p. 82.
(16) *Ibid.*, p. 92.
(17) *Ibid.*, p. 93.
(18) *Ibid.*, pp. 93-94.
(19) *Ibid.*, p. 102.
(20) *Ibid.*, p. 104.
(21) *Ibid.*, p. 111.
(22) Cf., *ibid.*, pp. 42-43.
(23) *Ibid.*, p. 48.
(24) *Ibid.*, pp. 118-119.
(25) *Ibid.*, pp. 51-52.
(26) *Ibid.*, p. 124.
(27) *Ibid.*, p. 125.
(28) *Ibid.*

(29) Descartes, *op. cit.*, pp. 202-203.
(30) Emmanuel Levinas, *op. cit.*, p. 129.
(31) *Ibid.*, p. 130.
(32) *Ibid.*, p. 131.
(33) *Ibid.*, p. 137.
(34) *Ibid.*, p. 27.
(35) *Ibid.*, p. 46.
(36) *Ibid.*, p. 48.

第三章　現在の瞬間と時間

本章では、前章に予告した、「死と復活としての時間」の問題や「瞬間」の孤独や他性の問題を俎上にのせる。すなわち、『実存から実存者へ』という著作の最後の部分「イポスターズ」の後半部分が考察の中心になる。

前章でわれわれは、第一章に続いて、前期レヴィナスの身体概念の意味を明らかにするために、デカルトの「心身分離」と「心身合一」の問題を手がかりにして、「イポスターズ」の出来事から「定位としての身体」の概念を検討した。そこで問題になったのは、この身体の「定位」という出来事が現在の瞬間の成立の出来事そのものであるという事態である。結論としてわれわれはおよそ次のように述べた。「ある」における瞬間の成就は「定位としての身体」において実現するが、この成就は持続しない。それはやがて失われる。しかし、この消失はその消失そのものの中に次の瞬間の誕生を準備する。「ある」の次元で言えば、「ある」から出現する「イポスターズ」の出来事そのものである「自己への到来としての瞬間」は、今度は「ある」へと転落し、この「ある」への回帰のうちに次の瞬間の再び始めることとして復活する。もちろん、この復活もまた「定位としての身体」において生じる。かくして、現在の瞬間の非連続の連続は努力の持続において確保され、各瞬間における実存と実存者との結びつきにおいて繰り返されていくことになる。

しかし、本当にそうだろうか。ここには十分に論じられずに曖昧なまま残された重大な問題がある。なるほど現在の各瞬間は「定位としての身体」によって可能になるのだが、各瞬間が自分以外のものを知らないとすれば、そこには非連続の連続はないということになるのではないか。要するに、瞬間の消失と誕生、すなわち死と復活は不可能なのではないか。そうであれば、瞬間から瞬間への非連続の連続は成立しないということになる。この場合、各瞬間の「孤独」があるだけで、そこには自分以外のもの、すなわち他性の入る余地はない。瞬間の消失とその再開があるためには、この瞬間が同時に「他」の瞬間として新たに誕生するということがなければならない。しかし、もし「瞬間」がどこまで行っても「孤独」だとすれば、この「他性」はどこからも出て来ない。瞬間の死と復活、すなわち非連続の連続にとっては、致命的な問題である。

この事態は独我論との非難を免れ得ないのではないか。そうした嫌疑をはらすためには、「イポスターズ」の出来事の、この場合は、現在の瞬間の成立という出来事のより深い解明が必要である。それゆえ、残された問題の中心はこの「孤独」を破るものとは何かという問いになる。予め答えに触れておくと、レヴィナスによれば、それは「時間の次元」ということになる。しかしなぜ「時間」によって瞬間の「孤独」が破られるのか。またその場合、レヴィナスはどのような「時間」を考えていたのか。

われわれの考察は次のように行なわれる。最初に『実存から実存者へ』の「序」に従って、現在の瞬間の成立の問題を前章とは違った観点から取り上げ、「瞬間」の問題の所在を再確認する。次に、「瞬間」の孤独の問題を検討し、瞬間と瞬間との関係に言及し、「孤独」を破るものとしての時間の次元に触れる。そして最後に、レヴィナスが指摘した二つの時間のうち、世界の内の時間である「経済の時間」ではなく、世界の外の時間である「救済の時間」、すなわち死と復活の時間を取り上げる。その結果、この時間において、瞬間と瞬間との間における消滅と新たな誕生が明らかになる。

一

「瞬間」の孤独の問題を取り上げる前に、少し回り道をして、改めてレヴィナスが「イポスターズ」あるいは「定位」にこめた意味を考えてみよう。「序」の書き出しの文章において、レヴィナスは次のように言う。「実存するものと実存との区別は、すなわち、実詞によって示される諸存在である個、類、集団、神とそれらの実存の出来事あるいは行為との区別は、哲学の省察には不可欠である。そして、この区別は同じぐらい簡単にそこからなくなる」[1]。なぜ、この区別がかくも簡単に失われるのか。レヴィナスによれば、われわれは、「実存する（存在する）」という動詞について語る何ものももち合わせていないからであり、それが理解されるのは「実存するもの（存在者）」との結びつきにおいてでしかないからである。その結果、「実存者」あるいは「存在者」については語り得るとしても、「存在するという事実や行為、また存在するという純粋な出来事や働き」については語り得ないものとなる。そして、ここから、存在者と存在との混同が生じる。

これはよく知られた事態である。しかし、レヴィナスの次の言葉には注意が必要である。「存在と『存在者』とを分離することの困難や存在を『存在者』において考えるという傾向は、なるほど何らの偶然性ももたない。これらの困難や傾向は、瞬間、すなわち時間の原子を、あらゆる出来事の彼方に置く習慣に由来する。『存在者』と『存在』との関係は、独立した二つの項を再結合したものではない。『存在者』は既に存在と契約していたのである。そうであれば、それだけを切り離すことはできないはずである。『存在者』は存在する。『存在者』は主語が属詞に及ぼす支配そのものを存在に対して既に行使している。『存在者』は、現象学的分析には分解し得ない瞬間において、この支配を行使するのである」[2]。

ここで「瞬間」という語に注目していただきたい。存在者と存在との結合が分離を考える以前に予め起こっていることやそれらの「契約」によって分離の困難が生じている点などはもはや触れる必要はない。問題は、こうした結合や契約や支配が時間の原子たる「瞬間」において起こっているという点である。しかも、この「瞬間」は現象学分析にとって分解不可能なものとされている。われわれは改めて次のように言うことができる。レヴィナスの「イポスターズ」の概念の狙いはこの分解不可能な「瞬間」に「分解」を導入することにあった、と。こうしたわれわれの考え方はまた、なぜわれわれがこれまで現在の瞬間の問題に拘泥してきたかの解答ともなっている。「瞬間」は分解できるのである。レヴィナスは次のように問う[3]。存在者と存在との結合は「瞬間（instant）」の「立ち止まり（stance）」によってなされるのではないのか。また、「瞬間」とは、純粋な働きとしての、動詞としての存在の主人となる、存在者としての、名詞としての、「実詞」が定位される出来事なのではないのか。さらにまた、「瞬間」とは存在一般の「分極化」なのではないのか。レヴィナスが繰り返す、これらの問いへの解答の可能性はすべて「イポスターズ」あるいは「定位」の出来事の分節化の解明にかかっている。

これに続いてレヴィナスは、このような分節化について次のように言う。「始まり、起源、誕生は一つの弁証法を提供する。そして、この弁証法において、こうした瞬間の最中の出来事は感じられるものとなる[4]」。ここには、二つの問いが秘められている。一つは、この始まりの弁証法とは何かという問いである。そしてもう一つは、なぜこの「弁証法」において、「出来事は感じられるものとなる」のかという問いである。前者から始めよう。言うまでもなく、始まり、起源、誕生で問題になっているのは存在者なき存在において存在者が誕生するという出来事であるが、「弁証法」はこの出来事の分節化に関わる事態を示している。それゆえ、レヴィナスによれば、この存在者の誕生において、すなわち「瞬間」において、「存在を受け入れるもの」を解明しなければならないのである。問いはさらに続く。それでは、この存在者の誕生の瞬間において、「存在を受け入れるもの」とは何か。それは、自らの誕生の瞬間に、存在者が自分自身の存在へと働きかけること、すなわち存在者が存在するという行為である。レヴィナスはまた、この行為や活動を「主語の自らの属詞への支配」やその主人になることという言い方でも表現するが、「弁証法」という語で言われている事態は明確である。

本文に戻って、一つ例をあげよう。実はこのことは、先の二つ目の問い、なぜ「感じられるものとなる」のかという問いへの答えともなるものでもあるが、レヴィナスは「イポスターズ」の章の「c 眠りと場所」において、突然「情動（émotion）」の問題をもち出し、次のように言う。「定位のアンチテーゼは空中に宙吊りにされた主体の自由ではなく、主体の破壊、すなわちイポスターズの崩壊である。それは情動において知らされる。情動は動転させるものである」[5]。この後レヴィナスは、情感性（affectivité）に関する現象学的分析の不十分さを指摘し、情動が実存をではなく主体の主体性を疑問に付すことにある点を強調し、およそ次のように言う。情動は主体が凝集し、活動し、誰かであることを不可能にする。それゆえ、情動において、主体の定位は崩壊する。それでは、こうした定位の崩壊である情動によって何が帰結するのか。「形の世界は無底の深淵のように拡がる。コスモスは壊れ、カオスが、すなわち、場所の不在が、『ある』が、現われる」[6]。

要するに、「弁証法」で言われていることとは、「瞬間」の出来事における主体の成立とその崩壊という事態である。この事態について別の言い方をすれば、それは主体の定位すなわち人称性から主体の崩壊すなわち非人称性への転落である。それゆえ、われわれの「なぜ感じられるのか」という問いへの答えは、この主体の誕生という肯定からその崩壊という否定への転落によって、すなわち、レヴィナスの言う、主体の崩壊にほかならない「情動」や「情感性」によってということになる。レヴィナスが身体の諸感情や情動や情感性について取り上げたのは、そこにこうしたイポスターズあるいは定位の問題を、要するに主体の主体性の問題を見ていたからである。その意味で、レヴィナスが「実存の感情としての吐き気」を退け、「恐怖」をもち出すのは至極真っ当なことなのである。[7]というのも、吐き気が人称的次元に留まっているのに対して、恐怖は非人称的次元、すなわち「ある」の次元の只中にあるからである。レヴィナスが「逃走について」の「吐き気」の分析を捨て、レヴィ＝ブリュールの「恐怖」を採った理由もここにある。すなわち、吐き気では主体の主体性は損なわれることはないが、恐怖は主体の主体性を転覆させ、その個別性を奪い取るからである。

ここでようやくわれわれは、長い回り道の後、「定位としての身体」の「現在の瞬間」の問題に戻ることができる。問題は「瞬間」の孤独の問題と、先に「序」において示された、時間の原子たる「瞬間」と時間との関係の問題である。同じく「回り道」において触れた、レヴィナスの言う「弁証法」を手がかりにして、これらの問題を見てみよう。面白いことにレヴィナスは、「弁証法」という語に代えて、「パラドクス」という言い方も用いる。例えば、「イポスターズ」の章の「e 現在と時間」という節において、先に見た始まりや誕生や起源としての瞬間の弁証法、すなわち「自己自身への関係」としての、「存在の征服」としての、「自己への到来」としての瞬間の問題、ここでは触れる余裕はないが、われわれが前回の「イポスターズと現在の瞬間」において詳しく論じてきた「定位としての身体」の「現在の瞬間」の問題について、とりわけ「瞬間」の自己自身との関係について、すなわち「瞬間」の「存在一般」あるいは「ある」との関係について、レヴィナスは次のように言う。「関係、この関係の逆説的性格には目を見張らせるものがある。存在し始めるところのものは始まる以前には存在しないが、この存在しないところのものこそその始まることによって自己自身へと誕生し、どこからともなく自己へと到来しなければならない。瞬間を構成するのは、この始まりのパラドクスである。この逆説を強調しておかなければならない。始まりはそれに先立つ瞬間から出発するのではない。その始まりの出発点は回帰していく動きとして到達点に含まれている。現在の只中そのものにおけるこの後退から出発して、現在は成就され、瞬間は引き受けられる(8)」。

ここまで来ると、「弁証法」も「パラドクス」も「感じられるものとなる」も明らかであろう。レヴィナスが「定位としての身体」の現在の瞬間の出来事において問題にしていたのは、この瞬間という出来事の「逆説的な二重性」にほかならない。ただしここで注意すべきは、この肯定と否定の「二重性」を、内‐外や主‐客をはじめとするあらゆる対立の彼方における「肯定‐否定」として考える必要があるという点である。この「二重性」、すなわち「瞬間」そのものの誕生と消滅、肯定と否定は、瞬間という出来事の内的な力動的関係として考えられなければならない。「弁証法」や「パラドクス」という語が使用された所以である。われわれの「情動」や「情感性」の体験は、とりわけこの消失や否定の体験、すなわち定位の崩壊やイポスターズの瓦解の体験なのである。この意味で、われわれは、主体の崩壊という否定的な体験である「情動」や「情感性」によって、「瞬間において生じる出来事」がどのような出来事であるかを「感じることができる」のである。以前にも触れたが、レヴィナスの時間と瞬間に関する優れた洞察を表す一節、「創造主による創造の神秘とは別なところに、すなわち創造の瞬間において、被造物の時間のすべての神秘がある」[9]という一節は、この間の事情を言い当てた言葉である。しかし、ここに問題がないわけではない。それは時間と瞬間との関係がどのようなものかという問題の解明であり、それが解明されない限り、「瞬間」はこれまでのところ自己自身との関係が指摘されただけであって、依然として他性を欠いたままである。そうであれば、非連続の連続は成り立たないということになる。われわれのレヴィナス理解において何が問題なのだろうか。次節において、時間と瞬間との関係を取り上げ、瞬間の「孤独」の問題を検討してみよう。

二

既に何度か触れたように、レヴィナスによれば、「定位」とは現在としての瞬間の出来事そのものである。しかし、この「定位」としての現在あるいは瞬間と時間との関係がどのようなものかはいまだ明確ではない。では、それはどのような関係なのか。瞬間の「孤独」の問題を検討する前に、まずこの問題から始めよう。

ところで、レヴィナスの「定位」において、この関係を考えるために触れておかなければならないことがある。というのも、現在あるいは瞬間に「イポスターズ」という存在論的転換を見るという考え方は、レヴィナス独自のものであり、それはむしろこれまでの哲学の常識に反するものだからである。それでは、哲学の歴史において、現在や瞬間と時間との関係はどのように考えられてきたのか。一言で言えば、それは死すべきものと存在し続けるものとの関係、要するに、死、消滅と生、持続との関係である。一方に存在の消滅を、そして他方には存在の連続を置く関係である。しかし、ここに問題がある。それは単に、いわば死と生という仕方で並置されるだけの関係なのだろうか。近代の哲学は、瞬間について次のように言う。「近代の哲学は、瞬間に対する軽蔑を説く。近代の哲学は、瞬間において、どんなダイナミズムも生成ももたない科学的時間の幻影しか見ない。瞬間は、近代の哲学にとっては、純粋な抽象として時間と時間との境界にのみ存在するかのようである。もしそうであれば、現実とは、常に未来に向けられた持続、すなわち常に未来に重なっていく持続の具体的飛躍よって作られるということになる。瞬間をおとしめるこの考え方の根本にあるのは、瞬間がそれ自身では大きさも持続ももたず、持続ではないという事実である。もっとも、もしも瞬間が時間の関数として理解され、時間と実存との関係がそれ自体で明らかであるということが正しいとするならば、この考え方も正当であるということになるのだが[10]」。

もちろん、そうはならないからこそ、この関係が問題なのである。ここでは「近代の哲学」の名のもとに「瞬間」への軽蔑が語られているが、レヴィナス自身直後に「哲学の歴史全体」と言い直しているように、これは哲学史の書き換えを迫るほど重要な問題でもある。ここでは、レヴィナスの文章において、二つのことが問題になっている。一つは、時間から出発して現在あるいは瞬間を理解するという考え方である。この考え方について、レヴィナスは別の個所で次のようにも述べている。「ひとが時間の中で現在に近づこうとすると、現在は、古くから続く哲学の伝統に従って、存在の消失そのものとして現われる[11]」。レヴィナスにとって、なぜこれが問題だったのか。言うまでもなく、現在が単に存在の消滅であり、現在が存在との関係をもたないとすれば、現在や瞬間に「定位」あるいは「イポスターズ」、すなわち存在者なき存在において存在者の誕生を言うことは意味のないことになってしまうからである。その場合、「時間あるいは永遠の無限性」、すなわち存在一般があるだけであり、「一つの主体も一つの存在」もないということになる。それゆえ、レヴィナスは、現在や瞬間の消滅にまったく異なる意味をもたせるために次のように問う。「しかし、ひとは次のように自問できる。現在の消失は、主体が無名の存在において出現し、時間を受け入れるようになるたった一つの可能性なのではないか、と。また、ひとは次のように自問できる。現在の所有の不可能性は、現在の消失だけが所有そのものを可能にするという事実に由来するのではないか、と[12]」。これらの自問はいずれも、時間から出発して現在や瞬間を理解するのではなく、時間から現在や瞬間の独自の意味を取り戻そうとする試みである。それは現在や瞬間の独自の弁証法の発見であり、現在や瞬間にこれまで時間が担ってきた存在論的機能とは別の機能を与えることである。話しは前後するが、レヴィナスが「イポスターズ」あるいは「定位」について問題にしてきた所以である。われわれは、時間ではなく、むしろ現在あるいは瞬間から出発しなければならないのである。だからこそ、レヴィナスは、それ自体現在あるいは瞬間の誕生である「イポスターズ」や「定位としての身体」から時間の問題へと向かったのである。この時間の問題はついては、『実存から実存者へ』の末尾に置かれた「時間へ」を取り上げる次節において検討するが、予め少しだけ触れておくと、時間そのものの問題もまた、基本的には、「現在としての瞬間」の出来事、すなわち「立ち止まり」としての「瞬間」の死と復活の弁証法に基づいて展開されることになる。

実は、「瞬間」への軽蔑にはもう一つ問題があった。それは時間と実存すなわち存在との関係である。ハイデガーを別にすれば、哲学的にはこの関係ははっきりしていると断った上で、レヴィナスは次のように言う。「時間の延長は実存の延長そのものとして現われる。持続性は実存の優れた形態である。なるほど時間が及ばない永遠は持続性を超えたところにある。しかし、この永遠の優越性はまさしく時間がそれに及ばないという事実に由来する。永遠の力は時間の破壊に対するその抵抗によって定義される。しかし、時間の破壊から守られた永遠は、持続するもの、持続可能なものの緯糸としての時間に類似していないわけではない。実存が同時に生まれ死滅する瞬間に、実存が生まれる瞬間が続く。この瞬間は前の瞬間から遺産を手に入れる。永遠を模倣するのは、持続による実存の執拗な存続なのである。したがって、まさしく、時間は不動の永遠の動く像である[13]」。

以上のような、レヴィナスによって描かれた哲学における時間と実存との関係の中で、われわれにとって特に重要なのは実存と瞬間との関係である。「この瞬間は前の瞬間から遺産を手に入れる」という表現に見られるように、ここでは、瞬間は先行するものであれ後続するものであれ他の諸々の瞬間との関係において捉えられている。しかし、この瞬間の連続性、すなわち瞬間と瞬間との関係を作り上げているのは瞬間ではない。それを可能にするのは時間の持続性である。ところで、実存は時間の中での「執拗な存続」とみなされるから、時間と実存とはこの持続性を介して一致する。それゆえ、「実存とは持続を横断し、通り抜け、それを成就する何ものかである[14]」。この場合、瞬間は、何らの力ももたない、単なる時間の一要素でしかない。このことから何が帰結するか。結局、二つ目の問題に関しても、最初の問題と同様に、現在あるいは瞬間は実存あるいは存在と関係のないものとなるということである。そうなるともちろん、現在あるいは瞬間において、すなわち「イポスターズ」や「定位」において、存在と存在者との関係を問うという試みは意味のないものとなる。

しかし、これまでわれわれが述べてきたように、現在あるいは瞬間は単なる時間の一要素ではない。瞬間瞬間には実存をめぐる「固有のドラマや戦い」がある。それを理解するためには、われわれは、レヴィナスの言う、現在あるいは瞬間と実存との「例外的関係」から出発しなければならない。では、それはどのような関係なのか。レヴィナスは次のように言う。「瞬間は、それに先行するあるいはそれに後続する諸瞬間と関係する以前に、一つの行為、すなわち、それによって実存を獲得する一つの行為を隠しもっている。各々の瞬間は一つの始まり、一つの誕生である」[15]。実存との関係における、言い換えれば「ある」との関係における始まりや誕生については、既に十分に述べてきたので、ここではこれ以上は触れない。ただここで強調しておかなければならないのは、時間から出発して、また持続に基づいて、現在や瞬間を考えることはできないという点である。時間や持続は実存あるいは存在の尺度ではない。われわれが最初に立てた問い、時間と現在あるいは瞬間との関係はいかなるものかという問いに関して、レヴィナスの解答の独自性は「現在の絶対性」の主張にある。レヴィナスは次のように言う。「瞬間の消失は瞬間の現前そのものである。瞬間の消失は存在との接触の充実を条件づけている。そして、この充実はまったく習慣でも過去の遺産でもなく、まさしく現在なのである。現在の絶対性は時間の働きである破壊の否定でも持続可能なものの肯定でもない」[16]。

しかし、皮肉なことに、このレヴィナスの「現在の絶対性」が「瞬間」の孤独という問題を呼び寄せることになる。では、「孤独」の問題とは何か。なぜそれが問題なのか。「現在の絶対性」という言い方でレヴィナスが問題にしている事態は、「瞬間」における実存あるいは存在と実存者あるいは存在者との「関係の絶対性」である。では、この関係を「イポスターズ」あるいは「定位」において考えるとどうなるか。それは二重の関係として現われる。一方では実存者の実存に対する関係、すなわち実存者による実存の支配の関係であり、他方では実存者を押しつぶす実存の重みの関係である。しかも、この両方の関係は同時的に起こる。言い換えれば、「ある」における存在者の誕生や始まりであり、それと同時に生じる存在者の「ある」への転落である。しかも、こうした「イポスターズ」、すなわち「定位としての身体」における「関係の絶対性」は現在の瞬間の出来事として遂行される。ただ注意すべきは、「瞬間」の本質が消失にあるという点である。要するに、「瞬間」は持続しないのである。しかし、この瞬間の死は単なる消滅ではない。というのも、「瞬間」の死は「ある」としての「実存」と「実存者」との「関係の絶対性」を可能にするからである。つまり、死において始まりの再開が生じる。したがって、先に触れたように、現在においては、現在と「ある」との「例外的関係」しかないが、この関係は同時に現在の死と次の現在の誕生でもある。この「現在」の死と誕生とを「瞬間」という言葉で言い直すと、どうなるだろうか。レヴィナスによれば、瞬間の消滅、すなわち死は、復活という出来事を隠しもっている。今われわれにとっての問題は、この復活が何を意味するかである。予め述べておくと、復活とは、一つの瞬間が死に、それがそれとは異なる別の瞬間として誕生するという事態でなければならない。

しかし、この「瞬間」はどこまで行っても「孤独」である。なぜか。レヴィナスが言うところの「存在することとの悲劇」があるからである。この悲劇はわれわれの「実存の有限性」に由来するものではない。それはむしろ瞬間において成就される「実存の無限性」からやって来る。現在や瞬間はそれ自身への準拠として定義されるが、ここでそれを想起する必要がある。レヴィナスは次のように言う。「現在の現前は、自身が持つ、容赦のなさ、自分自身への不可避的回帰、自分をそこから解放することの不可能性に起因する」[17]。ここには、一つのパラドクスがある。なぜなら、現在が自己自身にしか準拠しないということが現在あるいは瞬間における実存の成就を可能にしているものであるが、このことがかえって現在あるいは瞬間を自己同一化の中に閉じ込めることになるからである。要するに、「イポスターズ」の出来事である現在あるいは瞬間は「ある」における存在者の誕生、すなわち「ある」からの離脱であるが、しかしながら現在あるいは瞬間は消失でしかない以上、それは同時に「ある」への回帰なのである。「孤独」とは、この離脱と回帰が同時に起こっている事態を指している。この自分自身の捕虜になること、すなわち孤独であること、それが現在であり瞬間なのである。注意するべきは、この事態が時間に先立って起こっているという点である。したがって、レヴィナスとともにわれわれがしなければならないのは、この事態、現在あるいは瞬間の「孤独」がいかにして破られるかを見ていくことである。

しかし、われわれは既にこの事態を目撃していたはずである。これは、戦前の代表的エッセイ「逃走について」の中で取り上げられた「自我が自己自身へと鎖でつながれていること」と同じ事態である。レヴィナスは次のように言う。「現在の自己自身への回帰は既に自己へと釘づけされ、既に一つの『自己』によって二重化された『私』の確立である[18]」。ここで重要なのは、現在あるいは瞬間の自己自身への回帰が存在者の次元での出来事であるという点である。それゆえ、現在あるいは瞬間の「孤独」は、「自我」の、「私」の、孤独なのである。「私」の孤独とは、「私」がどこまで行っても「私」の内部にあり、「私」が「私」でなくなることが不可能だという事態である。つまり、「私」の孤独とは決定的な独我論なのである。この「私」の孤独に関して、レヴィナスは次のように述べている。「イポスターズは、『ある』に融即することによって、自己を、孤独として、一つの自我のその自己への決定的な鎖でつながれてあることとして、再び見出す。（中略）『私』は常に自分自身の実存に捕らわれている。『私』はすべてに対して外的であるが、自分自身に対しては内的であり、自分自身につながれている。『私』は自分が引き受けた実存に永遠に鎖でつながれている。このような、自我が自己でなくなることができないという不可能性は、自我の根本的悲劇を、自我が自分の存在に釘づけされているという事実を示している[19]」。それでは、いかにしてわれわれはこの決定的な「事実」から抜け出すことができるのか。「私」は「私」が身にまとういかなるものによっても「私」から離れることはできない。レヴィナスが例としてあげている「知」であれ「志向」であれ、こういった「私」の自由は「私」の実存の誕生という、すなわち「イポスターズ」という、「不自由」を条件として初めて成立する。この究極の「不自由」なしには、「私」のいかなる自由もないのである。それゆえ、「私」は「私」の自由によって「私」を「私自身」から解放することはできない。しかし、この「私が永遠に私自身と共にある」という事実は、すなわち「私」の孤独は、突然破られることになる。現在あるいは瞬間の孤独を破るものとは、「他人との関係としての時間」である。それゆえ、今度は、「私」の孤独から出発して、この時間の問題へと向かわなければならない。言い換えれば、それはまた、他性へと向かう運動の探究にほかならない。レヴィナスはここではじめて「エロス」や「女性」や「女性的」という語を使い、他性の探究について示唆的に言及する。[20] しかし、それはまた、もはや「定位としての身体」ではなく、いわば社会的身体や歴史的身体の探究へとつながるものであろう。それは今後の課題として、次の節では時間の問題に触れることにする。

三

誤解のないように予め触れておくと、他性の探究としての「エロス」の問題はここでわれわれが追究する、一連の「イポスターズ」の問題とは次元を異にする。レヴィナスが予告するように、この問題は、別のところで、すなわち『時間と他者』において取り上げられる。われわれもまた本書の最終章で、『実存から実存者へ』と同時期のこの別のテクストにおいてエロスの問題を取り上げ、さらに歴史的身体の次元を含む「多産性」の問題に触れることを予告しておく。

ここでは、これらの他性の探究の前提となるはずの以下の問いから始めよう。存在者の誕生の次元で、あるいは別の言い方をすれば、「定位としての身体」そのものの次元で、時間を問題にするとはどのような意味をもつのか。もちろんそれは、「瞬間」の孤独を破るものの探究という意味をもつ。またこれも繰り返しになるが、この自分以外のものを何ももたない、一人だけの世界へと閉じ込もるという事態は、「存在することの悲劇」という言い方で語られた事態でもある。予め述べておくと、ここで考察されるレヴィナスの時間とは実は存在することそのこと自体の悲劇からの解放、言い換えれば「孤独」からの解放という意味をもつ。思い出していただきたいのは、「存在することの悲劇」とは「瞬間においいて完成される実存の無限性」であり、そのことこそがわれわれをして自己自身への捕われの身にしているという点である。[21]時間は、この悲劇と孤独の場面において、それらからの解放の出来事として現われる。レヴィナスはそれを「時間は瞬間が成就する決定的接触の過剰を治療すべく呼び求められている」と表現する。[22]

では、過剰を治療するとはどういうことか。それは、「存在することの悲劇」からの、すなわち「瞬間において完成される実存の無限性」からの救済である。それゆえ、「時間へ」においてレヴィナスが問題にする時間とは、この「救済としての時間」なのである。われわれは、このレヴィナス独自の時間の概念を正確に理解しなければならない。この時間の次元に到るためには「イポスターズ」の出来事の次元へと降りていくことが求められるが、レヴィナスはまず「自我の同一性」の問題から始める。なぜ「自我の同一性」が問題なのか。それは、この同一性の成立の根拠を問うことで、時間の次元が開かれるからである。レヴィナスは、次のように言う。「世界においてわれわれの生を構成する意識の流れの中で、自我は生成変化の多様性を通して同一的な何ものかとして維持される。たとえその生が、われわれの習慣や性格を変容させることによって、われわれの存在を形づくっている内容全体を絶えず変化させることによって、われわれに刻みつける痕跡がどのようなものであれ、一つの変化し得ないものが残り続ける。『私』は、われわれの実存の多様な色の糸を互いに結びつけるために、そこにいつまでも在り続ける[23]」。この「私」と呼ばれるものの同一性が問題である。それは実体の同一性であろうか。そうではない。もし実体の同一性であれば、それは偶然的事態に出会うごとに無傷では済まないだろう。それでは歴史的変転やまったくの偶然との遭遇の中で、同一性を可能にするものとは何か。レヴィナスはそれこそ「知」の概念であると言う。「知」は次のように定義される。「知とは、すぐれて外的であり続けるところのものとの関係、あらゆる関係の外部に残り続けるものとの関係であり、行為者をその行為者が成し遂げる出来事の外部に維持するところの行為である。知の観念、列の外にある関係や行為としてのそれは、『私』の同一性を固定化し、それをその秘密の中に閉じ込めることを可能にする[24]」。このように、「知」とはとりわけ外部にあるものとの関係であり、この関係によって「私」はいつでも関係の外に留まり、自己の同一性を維持することができるのである。言い換えれば、「私」がいつまでも歴史的変化や偶然の出来事にも耐え得る自由の主体であるのは、この『知』の働きによる。それゆえ、「知」こそが「私」の自由の根拠なのである。レヴィナスの的確な表現によれば、「『私』は思惟を与えられた実体ではない。そうではなく、『私』が実体であるのは『私』が思考を付与されているからである」[25]。最後の一文は特に重要である。まさに、「私」が「私」であるのは、「私」が実体ではなく「思考するところのもの」だからなのである。この言葉の深い意味については以前に述べたので、ここではこれ以上は触れない。しかし、「私」の同一性の根拠が以上のような知の概念であるとしても、それでこの事態が解明されたわけではない。問題はむしろ、「私」の同一性の根拠ではなく、同一性を同一性として成立させている同一化の出来事そのものの解明である。

これまでの「イポスターズ」の議論によって明らかなように、「私」の自己同一化とは、無名の、非人称的存在あるいは実存、すなわち「ある」の只中における存在者あるいは実存者の「定位」の出来事にほかならない。それゆえ、この「定位としての身体」の出来事が主体の同一化の根拠である。問題は、この出来事がどこで起こっているかということである。言うまでもなく、それは現在の瞬間において起こっている。レヴィナスは次のように言う。「この出来事は空中で起こっているわけではない。われわれが示したように、それは定位の業であり、現在の働きそのものである。しかし、この現在の働きは、時間から始めるというこれまでのやり方でこの出来事に近づくとしても、時間の否定あるいは無知であり、純粋な自己への準拠であり、イポスターズなのである。現在における自己への準拠としての同一的な主体は、なるほど過去や未来に対して自由であるが、それ自身に対しては従属的である。現在の自由は恩寵のように軽くはなく、重荷、責任である。現在の自由は、自己へと事実上鎖でつながれてあることから離れられない[26]」。ここまで来ると、「孤独」のもつ存在論的意味も明瞭になる。というのも、自我が自己へと鎖でつながれてあるという事態は「イポスターズ」の宿命であり、それが「定位としての身体」の業にほかならないからである。われわれはどうしてもこの「孤独」から逃れられない。われわれはどうしても自分であることを止めることはできないし、この自己自身との不可避的関係を宿命として生きるしかない。しかも、この鎖を自分でほどくこともできないのである。しかし、それは本当か。

レヴィナスの「孤独」への問いかけはさらに続く。というのも、われわれがどこまで行っても自分であり続けるということのうちには、二元性が、それもきわめて重要な「倦怠の二元性（dualité de l'ennui）」が潜んでいるからである。レヴィナスは次のように言う。「主体の孤独は一つの存在の孤立、一つの対象の統一性以上のものである。言ってみれば、それは二者であることの孤独である。この自我と異なるものは、自我に伴う影のように動く。それは倦怠の二元性である。それはわれわれが世界において認識しているような社会性、また自我がその倦怠からそこへと向かって逃げ出そうとするような社会性とは異なる二元性であり、それはまた自我を自己から分離する他者との関係とも異なる二元性である。この二元性は逃走のノスタルジーを目覚めさせるが、いかなる未知の空もいかなる新しい大地もこの二元性を満足させることはない。というのも、旅のなかでもわれわれはわれわれを連れて歩いているからである」[27]。以上のように、レヴィナスの「孤独」へのさらなる問いかけは、その存在論的意味として、「倦怠の二元性」を通して二者性の孤独を開示し、自我と自己との関係に他性の懐胎を見る。しかも自我は自分自身と異なるものとしての他者との関係において、これまでわれわれの知らなかった社会性を開く。それはいわば「原初の社会性」である。要するに、主体としての自我の「孤独」は、すなわち現在あるいは瞬間の「孤独」は、その内部に「他性」を抱えもっている。それゆえ、現在あるいは瞬間の「孤独」とはまさしくこの異なるものに裏打ちされた孤独であり、それを破る契機もまたこの孤独において見出されるということになる。

しかし、「イポスターズ」に起因する「孤独」の意味の解明は、これだけに留まらない。というのも、この「孤独」という事態は、われわれが先に触れた「存在することの悲劇」にほかならないからである。それによると、「イポスターズ」において存在者はその存在を重荷として、負荷として背負っている。しかしまたこの悲劇は同時に別のことを教えている。確かに存在の重荷や負荷は存在への隷属を意味するが、しかしながらわれわれがこのわれわれ自身の隷属を隷属として知るのは予めわれわれがそうではないということを知っているからではないか。つまり、自由を知っているからではないか。そうであれば、レヴィナスの言うように、「重荷や負荷がそれとして可能であるためには現在は自由の構想（conception）でもなければならない」ということになる。[28]それでは、自由そのものではなく、「自由の思考」とも言い換えられる、この「自由の構想」とは何か。まず自由の思考や構想は、われわれが現在において存在あるいは実存に拘束されているということを教える。この教えはまた、われわれがこの拘束のもとにそこから離れることができるということをも教えてくれる。言うまでもなく、この自由とは自由そのものではなく、思考や構想でしかない自由だからである。では、この自由とは何か。また、それは「孤独」や「存在することの悲劇」に何をもたらすのか。

それは「時間の次元」である。ここでようやくわれわれは時間を問題にすることができる。ハイデガーの「無化の出来事」としての自由ではなく、「主体の存在論的状況によって存在の『充実』そのものにおいて生起する」自由について触れた後、レヴィナスは次のように言う。「しかし、拘束に対する自由ではなく、単に自由についての希望である、この自由は、もう一つの次元の閉じられた扉を叩く。この思考は決定的なものが何もなく、また『私』の決定的主体性とは対照をなすような実存の一様態を予感させる。今しがたわれわれは時間の次元を指摘したところである」[29]。こうしてわれわれは、時間の次元が開かれるところまで来た。しかし、自由の思考や構想だけで時間は動き始めるものだろうか。もちろん、それだけでは十分ではない。では、何が足りないのか。予め述べておくと、この問いに答えることで、われわれのここでの考察は終わることになる。

レヴィナスは二つの時間を区別する。「贖罪の時間」と「正義の時間」である。二つの時間の呼称はさまざまに言い換えられるが、基本的には世界の外の時間である救済の時間と世界の内の時間である経済の時間との区別である。既にわれわれはこれまでにレヴィナスの時間論を主題とする論考においてこれらの時間の違いについて詳細に取り上げたことがあるので、ここではあくまでも本章の主旨に沿った問題に限定し、前者の時間を中心に取り上げることにする。[30] 問題の出発点は自由の思考や構想だけでは、時間は始動しないという点にあったが、レヴィナスはこの問題を希望と未来との関係で言い直し、次のように問う。「しかし、時間を始動させることができない希望は、どのような意味で時間を目指すのだろうか。未来へと向けられた希望とは、未来において起こり得る幸福な出来事を待つことなのだろうか」[31]。もちろん、そうではない。というのも、希望が希望として意味をもつのは、その出来事の実現が不確実な場合だからである。もしそれが確実であれば、われわれはあえて希望をもつことはないだろう。そうであれば、希望はむしろ未来にではなく、別のところに向けられているのではないか。希望をもてないがゆえに、あるいは希望することが不可能であるにもかかわらず、われわれは希望をもつ。しかし、不可能であるがゆえに希望は可能になるとはどういうことなのか。この希望のパラドクスに関して、レヴィナスは次のように言う。「希望が希望であるのは、それがもはや許されていないときでしかない。ところで、希望の瞬間において取り返すことのできないもの、それは希望の現在そのものである。未来は現在において苦しむ主体に慰めや償いをもたらし得るが、現在の苦悩そのものは叫びのように残り続け、そのこだまは空間の永遠性の中にいつまでも響きわたることになる」[32]。言うまでもなく問題は、慰めや償いではなく、いつまでも残り続ける現在の苦悩そのものである。実は、こうした未来が与える慰めや償いは、世界の内の時間、すなわち各瞬間の等価性と連続性によって成立する時間を前提しているが、この「経済の時間」においては、現在の苦悩そのものの救出はあり得ない。なぜなら、苦しみの慰めや酬いと苦しみそのものとは異なるものだからである。それゆえ、現在の苦悩はいつまでも置き去りにされたままなのである。しかし、これはあくまでも報酬の時間としての「経済の時間」においてでしかない。ここでもし別の時間、すなわち救済としての時間である「贖罪の時間」を置けば、どうなるか。事態は一変する。

改めて確認すると、希望の分析から帰結する問題は現在そのものの救出にあった。置き去りにされた現在の苦悩にあった。それゆえ、未来であるところの慰めや報酬や代償は現在の希望の救済ではなかった。レヴィナスの言うように、「いかなる死も復活なしには済まされない」のである。なぜなら、「死」は常に現在であり、死の現在の救済は現在そのものにおいてなされない限り本当の意味での救済たり得ないからである。したがって、救済としての時間は「分離された瞬間瞬間によって合成された時間」とはまったく別な時間でなければならない。では、この別の時間において、どうすれば現在の救済が可能になるのか。レヴィナスによれば、次の二つの可能性のいずれかである。それは、苦悩の瞬間への還帰か、あるいは苦悩の瞬間の復活かである。それは可能だろうか。それは「不可能な要請」ではないのか。

しかし、救済としての時間が少なくとも現在の苦悩の救済にあるとすれば、この不可能な要請を可能にするものでなければならない。レヴィナスは次のように言う。「時間の本質は、この救済の要請に応えることにあるのではないか。主体にとって外的な経済の時間の分析は、現在を単に償うだけでなく復活させることになる時間の本質的構造を避けているのではないか。未来とは何よりもまず現在の復活なのではないか[33]」。

しかし、ここで注意すべきは、このような現在の復活があるためには、まずもって現在の死がなければならないという点である。死があって初めて復活があるのである。それでは、現在の瞬間の死はどのようにしてやって来るのか。それは各瞬間の「空虚な間隔（intervalle vide）」によって可能になる。では、瞬間の復活はどのようにしてやって来るのか。それはそれもまたこの「空虚な間隔」において可能になる。要するに、現在の瞬間としての「私」は瞬間と瞬間との「空虚な間隔」において死に、同時にこの「空虚な間隔」において異なる「私」として新たに誕生するのである。すなわち、「私」の死があって、「他なるもの」としての「私」の復活があるということである。ここにあるのは「私」の単純な連続ではない。それは絶対的他性を介在させた非連続の連続である。このことをレヴィナスの言葉で言えば、「空虚な間隔における『私』の死は新しい誕生の条件となるはずであり、『私』に開かれる『他の場所』は単に『場所を変えること』ではなく『自己とは異なる場所』であるはずである」という意味で、それは非連続の連続なのである。ここで重要なのは、瞬間の成立そのものにおいて既に他性の介在が認められるという点である。われわれはここで、先に「無」の問題を批判的に取り上げた際に、レヴィナスが新たな無の概念として「間隔としての無」を提示していたことを想起することができる。「私」の復活の場所である「空虚な間隔」とはまさしく「間隔としての無」にほかならない。その意味で、瞬間の死と復活においては、この無の場所、すなわち、「空虚な間隔」、言い換えれば「無の間隔」が不可欠なのである。

結局、「私」と瞬間、あるいは「私」と時間との関係は次のように要約できる。レヴィナスの言う、各瞬間の等価性を前提とした、一連の瞬間の連続性からなる「経済的生の時間」では「自我をその影から解き放つ」ことはできない。それゆえ、われわれは別の時間を考えなければならない。それは、「時間の出来事が取り戻すことのできない瞬間の復活としてより深いところで生きられている」時間である[34]。言うまでもなく、「救済の時間」、すなわち死と復活の時間である。この時間においては、瞬間は連続的ではない。瞬間と瞬間との間には断絶がある。すなわち、そこには非連続がある。それゆえ、瞬間は消失し、「私」は死ぬ。しかし、この瞬間は、この「私」は、同時に「他なるもの」として、すなわち他の瞬間として、他の「私」として復活する。そこには、非連続があって、連続がある。時間とはこの非連続の連続なのである。瞬間は、「私」は、この非連続の連続を、この死と復活の時間を生きる。

したがって、レヴィナスにとっては、この時間を生きる「私」は、「弁証法的進展」のそれでも、「脱自」のそれでも、「持続」のそれでもない。そこには、真の死がないからである。では、「私」とは何か。

レヴィナスは次のように言う。「『私』のダイナミズムは、現在の現前そのものの中に、すなわち、この現前が含意する要請の中にある。この要請は、存在の永続性に、正確に言えば、この現前の破壊の不可能性に関わるものではなく、現前の中で結ばれた結び目を、すなわち現前の消滅ではほどけない決定的のものをほどくことに関わっている。それは存在することの再開への要請であり、その各々の再開における現前の非決定性への希望である。『私』とは過ぎ去った瞬間の残滓として新たな瞬間を誘惑する存在ではない。『私』はこの非決定性への要請である。存在の『人称性』とは、存在が自分を他なるものとして再び始める瞬間それ自体において、時間を奇跡的な多産性として必要とするということそのものである[35]」。ここで語られている「私」について、あえて意識と身体とを区別して述べると、死と復活の時間を生きる「私」は、そのすぐ前で触れた「弁証法的進展」や「脱自」や「持続」の「私」が意識の立場での「私」であるとすれば、行為の立場での「私」、すなわち身体としての「私」にほかならない。しかし、この身体あるいは「私」は世界の内において「経済の時間」を生きるそれではない。そうであれば、ここで問題になっている身体は「ある」の物質性の経験としての身体でなければならない。しかしなぜ、存在は「人称性」を必要とするのか。それは、一つの「瞬間」の死が次の瞬間におけるその「瞬間」の「他なるもの」としての再開あるいは復活が可能であるためには、最初のその瞬間は他性の介在がなければならないが、存在にはそれが欠けているからである。だからこそ、「人称性」が、すなわち多産性としての時間が必要となる。しかし、注意すべきは、時間とはこの各瞬間の非連続の連続そのものであるという点である。それゆえ、一つの瞬間の再開あるいは復活である「他の瞬間」の絶対的他性は、その瞬間の自分の場所からではなく、「自分とは異なる場所」からやって来る。言うまでもなく、それが時間の次元にほかならない「無の場所」である。

しかし、この時間の次元とは何を意味するのか。先に「倦怠の二元性」や自由の構想あるいは思考において触れたように、この時間の次元は「原初の社会性」の次元でもある。ここで重要なのは、この二つの次元の開示が「定位としての身体」において可能になるという点である。実は、レヴィナスにおいて「現在の瞬間と時間」の関係を主題とする本章の最後の到達点はこの社会性と時間性の問題なのだが、紙幅の関係もあり、ここではこれ以上考察を進めることはできない。ただ、これだけは述べておかなければならない。「原初の社会性」こそが時間そのものであり、それゆえ時間は他人との関係によって作られるということである。なぜなら、レヴィナスによれば、主体には不可能な、時間に必要な「無」は、社会的関係、すなわち他人との関係に由来するからである。(36)「原初の社会性」が開く社会的関係の問題は、当然、世界の内においてある社会的関係から区別される。レヴィナスは他者の外在性とも空間的外在性とも異なるこの社会的外在性を「原初的なもの」と呼ぶが、予め予告しておくと、われわれはさらにこの一連の論考の最終章において、この「原初の社会性」から始めるつもりである。すなわち、「エロス」と「多産性」の問題である。当然そこでは社会性としての時間によって開かれる「身体としての私」の「外」が問題になるだろう。

註

(1) Emmanuel Levinas, *De l'existence à l'existant*, J. Vrin, 1981, p. 15.

(2) *Ibid.*, p. 16.

(3) Cf., *ibid.*

(4) *Ibid.*

(5) *Ibid.*, p. 121.

(6) *Ibid.*

(7) *Ibid.*, p. 100.

(8) *Ibid.*, pp. 130-131.

(9) *Ibid.*, p. 131.

(10) *Ibid.*, p. 126.

(11) *Ibid.*p. 124.

(12) *Ibid.*, pp. 124-125.

(13) *Ibid.*, p. 127-128.

(14) *Ibid.*, p. 128.

(15) *Ibid.*, p. 130.

(16) *Ibid.*, p. 132.

(17) *Ibid.*, p. 134.

(18) *Ibid.*, pp. 135-136.

(19) *Ibid.*, pp. 142-143.

(20) Cf., *ibid.*, p 145.

(21) *Ibid.*, p. 134.
(22) *Ibid.*, p. 147.
(23) *Ibid.*, p. 148.
(24) *Ibid.*, pp. 148-149.
(25) *Ibid.*, p. 149.
(26) *Ibid.*, p. 150.
(27) *Ibid.*, p. 151.
(28) *Ibid.*, p. 152.
(29) *Ibid.*
(30) 以下の論文を参照のこと。拙稿「他者から無限へ——レヴィナスの時間論——」『同志社哲学年報』山形頼洋教授追悼特別号(Societas Philosophiae Doshisha編)、二〇一一年。
(31) Emmanuel Levinas, *op., cit.*, p. 153.
(32) *Ibid.*, pp. 153-154.
(33) *Ibid.*, p. 157.
(34) *Ibid.*, p. 158.
(35) *Ibid.*, p. 159.
(36) *Ibid.*, p. 160.

第四章　実存者の孤独と間主観性

第二次世界大戦をはさんで、その前後のレヴィナスの身体の問題に関するわれわれの最後の考察を締めくくるにあたって、ここでは、『時間と他者』において、間主観性の問題を取り上げる。前章「現在の瞬間と時間」において予告したように、問題は本源的な外在性としての「原初の社会性」にあるが、それに触れる前に、もう一度『実存から実存者へ』において、「定位」としての身体のプロブレマティークを確認しておこう(1)。

レヴィナスは、「定位（position）」の考え方について、この著作の「結論」の最後の部分において次のように言う。「定位の考えを強調することによって、われわれは、本質的には思惟であり認識であるコギトに対して、何らかの意志や感情、あるいは、思惟よりもっと基礎的であるかもしれない気遣いを対置するのではない。反対にわれわれはこう考えている。光や明るさの現象は、またそれと一体である自由の現象は、意志と感情とを支配している。諸々の感情は『内部‐外部』モデルに基づいて構成されており、ある程度まで正当に、デカルトやマルブランシュによって、『暗い思惟』として、われわれの身体を触発する外部に関する『情報』として、考察され得たのである。内部から外部へと向かう運動としての意志は、予め世界と光とを前提としている。感情や意志は、コギトの後にある。これまで意志や感情が考察されたのは、デカルトからハイデガーに到るまで、コギトのパースペクティヴにおいてなのである。ひとはいつでも意志や感情の対象、すなわちコギタートゥムを求めてきた。ひとは意志や感情を統握として分析してきたのである」[2]。

少し長い引用になったが、ここには、重大な指摘がある。すなわち、意志や感情に対するコギトの先行性の強調である。しかし、なぜ、レヴィナスはこのように、意志や感情に対するコギトの先行性を強調するのか。その真意はどこにあるのか。意志に関しては、これまでのわれわれの考察によって既に明らかなように、レヴィナスによる、メーヌ・ド・ビランの努力概念に対する批判を指摘すれば、十分であろう[3]。また、感情に関しても、同じく、情感性が主体の主体性に関わる問題であり、それが主体の成立の問題ではなく、むしろ主体の崩壊のそれであるとの指摘を繰り返せば、それ以上の説明は不要である[4]。ここでは、次の一文に注目していただきたい。実は、レヴィナスは単にコギトの先行性を言っているのではない。コギトの意味が問題なのである。「しかし、コギトの背後に、あるいはむしろコギトが『思惟するところのもの』に帰着するという事実の中に、われわれは、存在の『内部』と『外部』への分裂に先立つ状況を見分ける」[5]。ここで、コギトが「思惟するところのもの（une chose qui pense）」であるという言明が意味するのは、前期レヴィナスの身体の問題をめぐるわれわれの一連の論考の中で、中心的な概念として位置づけられた「定位としての身体」であることは繰り返すまでもない。もっと言えば、レヴィナスは、彼自身のこの独創的読解による、「思惟するところのもの」としての身体を、「定位としての身体」として捉え直し、この身体の生成を「存在の内部と外部への分裂」に先立つ出来事とみなしたのである。それゆえ、先に意志や感情において見たように、メーヌ・ド・ビランやルソーのように、デカルトの「私は思う」を「私は意志する」や「私は感じる」に置き換え、そこに新しい意味を与えることが問題なのではない。それらはいずれも、コギタートゥムとの関係として、「内」と「外」への分裂以降の事態にすぎないからである。問題は、思惟する物質としての身体の「定位」が、存在の内部と外部への分裂を生み出す「超越」ではなく「非‐超越」にほかならず、それこそが「超越」を基礎づけているという点にある。その意味で、レヴィナスはコギトの先行性を強調したのである。「思惟するところのもの」としての身体は、すなわち「定位」としての身体は、コギタートゥムとの関係において考えられたものではない。

レヴィナスによれば、デカルトやマルブランシュが感情を光や明るさとの対照において「暗い思惟」と呼んだ真の理由もここにある。レヴィナスは次のように言う[6]。「諸々の感情の『暗さ』は、明るさの単なる否定どころか、この先行する出来事を証示している」。改めて言うまでもなく、ここで「先行する出来事」と言われているのは、思惟する物体にほかならない身体の「非‐超越」としての「定位」という、内部と外部の分裂に先立つ出来事のことである。では、この出来事とはどのような事態をいうのか。それは存在一般である「ある（il y a）」において存在者たちが誕生する事態、すなわち「イポスターズ」の出来事であるが、われわれはこれまでの一連の論考において、この事態を「瞬間」の非連続の連続の問題として取り上げてきた。ただし注意すべきは、それは単に或る瞬間から他の瞬間への移行の問題ではないという点である。この非連続の連続という事態は、主体から対象への、自我から世界への移行のようなものではなく、「内」と「外」への分裂以前の出来事だからである。しかし、ここには重大な問題がある。では、この「内」と「外」への分裂以前の「思惟するところのもの」である身体において、「外」や「他」はどのようにして開かれるのか。言い換えれば、では、この「内」と「外」への分裂以前の、「非連続の連続」としての、死と復活としての、「瞬間」としての身体において、「原初の外在性」や「絶対的他性」はどのようにして生じるのか。われわれはここまで以上の問題を瞬間と時間の問題として追究してきたが、今やその問いは最後の段階にある。

以上のように、われわれは、前期レヴィナスの身体概念である「定位としての身体」のプロブレマティークの確認において、これまでの論考の整理と問題点とに触れた。それゆえ、本章においては、この残された問題、前章で取り上げた現在の瞬間としての身体の問題から、今度は、『時間と他者』において、この最初の「外」、すなわち「他」の問題に触れ、「定位としての身体」、「思惟するところのもの」

としての身体の間主観性の問題を取り上げる。そのために、まず、『時間と他者』において、改めて「存在論的孤独」の問題に触れ、「孤独からの脱出」、すなわち、外在性あるいは他者性への探究の試みを取り上げる。次に、同じく『時間と他者』において、今度は、「神秘としての死」、すなわち他人との関係と時間の問題に触れ、そして最後に身体の間主観性の問題として「エロス」と「多産性」の問題を論じる。

これらの論考を通して、以下のことが明らかになる。「思惟するところのもの」としての身体、言い換えれば、思惟する「物質」あるいは「物質性」としての身体は、「死」という絶対的他性を孕み、「パン」なしには生存できない存在である。それは、将来必ず死ぬ身体であり、時間において、他人との関係において、食べ、活動し、恋する身体である。それはまた「父」であり、子をもつ「産む」身体である。われわれはここに前期レヴィナスの身体論の或る種の達成を見ることができる。しかし問題がないわけではない。時間の他性と他人の他性とのアナロジーの問題をはじめ、いくつかの問題が未解決のまま残されることになったからである。

一

『時間と他者』の冒頭に置かれた「序文」は、この著作の出版から三〇年後に書かれたものであるが、この中でレヴィナスは、時間と社会性をめぐって今なお「生きている問題」として次のことを指摘している。「『時間と他者』は、時間を、存在者の存在の存在論的地平としてではなく、存在の彼方への様態として、『思惟』の他なるものへの関係として、そしてまた、他の人間の顔を前にした社会性のさまざまな形態を通して、すなわち、エロティシズム、父であること、隣人に対する責任を通じて、全き他者への、超越者への、無限なるものへの関係として予想している[7]。しかし、これはあくまでもある種の見込みとして語られ得ることであり、この著作において、実際に「時間」がそのように描かれたわけではない。ただ、この中で、注目すべき一節がある。それは「思惟」と「他なるもの」との関係である。鉤括弧つきで言われる「思惟」の「他なるもの」への関係はこの引用した文章の数行後にも現われるが、それは今度は「非‐無関心（non-indifférence）」という語を伴って、他性を損なうことのない関係として語られている。言うまでもなく、われわれが「思惟」と「他なるもの」との関係に注目するのは、「思惟するところのもの」としての身体の「外」や「他」を問題にしたいからである。しかし、「思惟が思惟する以上のことを思惟する」という言い方で、「思惟」と「他なるもの」との関係として思惟の自己超越の構造が示されるのは、別の機会を俟たなければならない。ただそれでもやはり、この「思惟」の「他なるもの」への関係という言葉を「思惟するところのもの」としての身体に従って考えるならば、既に『時間と他者』の段階において、この身体のうちに他性への通路が開かれていたことを書き留めておくことは重要であろう。しかし、この場合は、レヴィナスの言う通り、『時間と他者』において実際に描かれたのは、時間の超越についての覚え書きであり、予備的考察にすぎない。しかもレヴィナスによれば、「それら〔覚え書き〕は、ディアクロニーが意味する超越と他人の他性の隔たりとのアナロジーによって、また同じく、あらゆる関係の諸項を結合する紐帯とは比べることのできない、この超越の間隔を貫く紐帯への固執によって、導かれている[8]」。

われわれもまた、「定位としての身体」の「外」や「他」の問題、すなわち身体と間主観性の問題をここから始めよう。では、以上のような「アナロジー」や「超越の間隔を貫く紐帯」によって、「覚え書き」や「予備的考察」とはいえ、レヴィナスは外在性や他性の問題に関してどこまで進むことができたのか。「全き他者の無限への超越としての時間の運動」に関しては、前著『実存から実存者へ』とほとんど変わるところはないが、ただ『時間と他者』にあっては、存在論的概念としての孤独の問題の深化と「死の神秘」を通して展開される時間の問題に関しては、彼自身の予告通り、間主観性の問題への新しい観点、すなわち、「エロス」と「多産性」への詳しい考察が見られる。それゆえ、前期レヴィナスの身体の問題を考えるにあたって、これらの問題のうち、まずこの第一節において、イポスターズによって誕生する存在者たちの孤独の問題を取り上げることにしよう。それは、改めて考えてみれば、先にわれわれが言及した、前著の「結論」部分の最後の一文、「それ〔われわれが求めている出来事〕は存在において存在者たちがあるという事実そのものの意味に関わっている[9]」という一文から始めなければならないということなのである。

存在者なき存在である「ある」において誕生した、存在者たちは、孤独である。この点については、既に前章「現在の瞬間と時間」の中で「私」の孤独として触れた。では、この孤独が時間の問題とどのように関わってくるのか。『時間と他者』の最初の文章「対象とプラン」の書き出しの一節は以下の通りである。「これらの講演の目的は、時間が孤立した単独の主体の事実ではなく、それが主体の他人との関係そのものであるということを示すことにある[10]」。さらにレヴィナスは、このように述べた上で、問題は時間そのものであると言う。だが、時間が「主体と他人との関係そのものである」とはどのような意味においてなのか。それを明らかにするために、レヴィナスが取った方法は二つある。「一方で孤独の観念を深化させ、他方で時間が孤独に提供するさまざまな機会を検討する」ことである。一見すると、タイトルも含めて、このプランは、『実存から実存者へ』「イポスターズ」の第三節「時間へ」の「f　時間と他者（Le temps et l'Autre）」の次の最初の文章に対応しているように思われる。少し長い引用になるが、レヴィナスは次のように述べていた。「実際、時間は、いかにして単独の主体において出現するのだろうか。単独の主体は自己を否定することもできないし、無をもつこともない。他の瞬間の絶対的他性は、時間が足踏みの錯覚でないとすれば、決定的に自己自身であるような主体の中にはあり得ない。この他性が私に到来するのは、他人からでしかない。社会性とは、われわれの時間の表象の源泉であるよりも、時間そのものなのではないのか。もし時間が私の他人との関係によって構成されるならば、時間は私の瞬間の外部にあるということになるが、しかしまた時間はテオーリアに与えられた対象とは別のものである。時間の弁証法は他人との関係の弁証法そのもの、すなわち他人との対話であるが、この他人との対話の弁証法は単独の主体の弁証法のそれとは異なる用語で研究されなければならない。社会的関係の弁証法は、われわれに対して、新しい型の概念の連鎖をもたらすだろう。そして、時間に必要な無は、これは主体にはもち得ないのだが、社会的関係から到来する[11]」。

以上の文章のうち、とりわけ、「他の瞬間の絶対的他性は、時間が足踏みの錯覚でないとすれば、決定的に自己自身であるような主体の中にはあり得ない」という一節に注目していただきたい。二つの文章を比べたとき、両者に共通しているのは、時間が単独の主体の事実ではなく、他人との関係に由来するという点である。その理由は、時間が成立するためには、「無」がなければならないが、単独の主体にはそれがないからである。「決定的に自己自身であるような主体」、つまり単独の、孤独な主体には、無の余地、すなわち非決定性が欠けている。決定的主体の孤独は、どこまで行っても孤独なのである。そして、時間は、この場合は「他の瞬間の絶対的他性」は、「瞬間」としての主体の、「私」の、「外部」にあり、他人との関係から到来する。しかも、レヴィナスの言い方では、この関係は、「社会的外在性」の次元、つまり「社会的関係」にほかならない。要するに、時間とは社会的関係なのである。そうであれば、時間の問題を考えるにあたって、何よりもまず、「決定的に自己自身であるような主体」、すなわち、単独の、孤独な主体と、他人との関係が、いかにして可能かを問わなければならないということになる。

それにしても、そのために、なぜ、孤独の問題を掘り下げなければならないのだろうか。われわれの見るところ、理由は二つある。まず、時間の問題に関しては、『実存から実存者へ』においてレヴィナスが指摘するように、伝統的哲学は、ベルクソンやハイデガーを含めて、単独の主体においてでしか時間を問題にしなかったからである。これまで時間は常に「モナド」的主体の事実だったのである。しかし、レヴィナスは、ここから出発するのではなく、逆にこの「モナド」的な、単独の、孤独な主体の、底の底まで、その存在論的な「根」まで降りて行くことで、すなわち、「決定的に自己自身であるような主体」に先行する、「思惟するところのもの」としての身体の出来事、「定位」の出来事の次元まで行くことで、そこに「外在性」と「他性」とを見出そうと試みたのである。もう一つは、レヴィナスの孤独の概念は、他の哲学者たちのそれ、例えばハイデガーのそれとはまったく異なったものだからである。われわれが先に引用した『時間と他者』の序文の文章に続いて、レヴィナスは孤独が「存在論的概念」であり、「存在の弁証法」の一契機である旨を指摘し、次のように言う。「それゆえまず、われわれは、孤独を、それに先行する他者との関係の只中において検討するハイデガーの考え方を放棄する」[12]。レヴィナスにとっては、「孤独」をそれに先行する他者との関係において考察するのは、決定的な間違いなのである。なぜなら、そもそもレヴィナスにとって存在者なき存在である「ある」において誕生する存在者たちが孤独なのであり、これこそが始まりの出来事だからである。それゆえ、レヴィナスの場合、この孤独な存在者たちにいかにして「外在性」や「他性」が穿たれることになるかが問われなければならないのである。しかし、ハイデガーにあっては、事態は逆である。まず、存在論的概念としての「相互共同存在（Miteinandersein）」があって、次に孤独がやって来る。レヴィナスにとって、これでは問題にならない。まず定位としての身体が孤独なのである。それは未だ「決定的な自己自身」なのではない。実はここにレヴィナスが孤独を乗り越えようとする次元がある。

ここでもう一度われわれの論考の出発点を確認すると、次のようになる。すなわち、まず、「ある」における存在者たちは孤独である。そこにいかにして「外」が穿たれ、「他性」は到来するのか。言い換えれば、この孤独の乗り越えはいかにして可能か。これらの問いに対して、既にレヴィナスは『実存から実存者へ』において、答えの方向性を示していた。孤独の存在論的根源において、「定位としての身体」の間主観性を解明するという方向である。すなわち、原初的な社会的外在性へ向かう道である。レヴィナスは、この概念がわれわれを「一」と「多」のカテゴリーから連れ出すと述べた上で、間主観性について次のように言う。「間主観性とは単に多のカテゴリーを精神の領域に適用したものではない。それがわれわれにもたらされるのはエロスによってである。というよりも、他人の近さの中でも隔たりは完全に維持されるのであり、その隔たりの悲愴さはこの近さとこの存在者たちの二元性から出てくる」[13]。間主観性のプロブレマティークにおいて、エロスはこのように予告され、続いてレヴィナスは愛におけるコミュニケーションの挫折がむしろ他者との関係の肯定性を体現するものであり、挫折における他者の不在はむしろ「他」である限りでの「他」の現前であると言う。ここではもちろん他者とは隣人を指すが、レヴィナスの真意は間主観的関係の「非対称性」の強調にある。

しかし、時に弁証法やパラドクスの名のもとに水平軸において語られる、このような孤独の底に見出される「非対称的関係」からの反転は、何も「対立と矛盾の独自性」としての「エロス」という愛の問題に限ったことではない。それはまた、「多産性」の概念のもとに今度は垂直軸において語られる、父と子の関係においても同様である。それでは、これら二つの間主観的空間と時間とに沿って展開されると予告された、「非対称的」な間主観性の問題は、これからわれわれが取り上げる『時間と他者』においても同じ軌跡を辿ることになるのだろうか。予め結論を言うと、必ずしもそうではない。そこには別の要素が見られるからである。この著作においても、孤独の存在論的な根源への遡及がはかられるのは同様であるが、この孤独の掘り下げは「苦しみと死の問題」にぶつかる。これらは、レヴィナスによれば、「神秘としての死」の問題をもたらす。では、それはどのような問題なのだろうか。レヴィナスは次のように言う。「この考えによって、われわれは、主体の中に、その主体の孤独の単純な回帰に還元されることのない一つの関係を認めることができる。神秘であって、必ずしも無ではないような死を前にしては、一方の項の他の項による吸収は起こらない。われわれが最後に示すことになるのは、死の中で現われる二元性がいかにして他者および時間との関係になるかということである[14]」。それゆえ、『時間と他者』におけるわれわれの問題とは以下の通りである。この「神秘としての死」において、孤独の乗り越えがいかにしてなされるのか。

二

今度は、『時間と他者』の始まり、「実存することの孤独」から順に「神秘としての死」、すなわち「他なるもの」との神秘的関係の問題まで辿り直して行こう。実存すること（存在すること）において実存者（存在者）たちはなぜ孤独なのか。言うまでもなく、実存者と実存との結合において、実存者たちは孤独なのである。すなわち、「私」の実存することにおいて孤独なのである。レヴィナスが孤独を存在論的概念であると述べた所以である。それゆえ、孤独からの脱出を考えるのであれば、孤独の存在論的な「根」にまで遡及しなければならない。では、その「根」とは何か。存在者なき存在において存在者が誕生する出来事としての「イポスターズ」である。すなわち、「実存者たち」の出現、われわれの言葉では、「思惟するところのもの」としての身体たちの出現である。この実存者たちが、この身体たちが、孤独なのである。その秘密は、「根」であるところのイポスターズにある。ただし、『時間と他者』でも、この結合を実存者たちが実存することと「契約する」と言う。

この秘密を暴くために、レヴィナスは奇妙な方法を用いる。「想像」によって契約や結合を解くこと、すなわち実存と実存者との「分離」である。もちろん、ハイデガーには、存在論的差異、すなわち「区別」はあるが、この分離はない。まるでメーヌ・ド・ビランの「原初事実」の二元性のように、分離はできないが区別は認められるのである。しかし、レヴィナスは、あえて「分離」を、「実存者なき実存」を、言う。すなわち、すべてが「無」に帰した、「ある（il y a）」を言う。ただし、このすべてのものの「不在」は純粋な無ではなく、不在の現前である。だからこそ、レヴィナスはそれを「ある」と呼ぶ。この「ある」は純粋な匿名態であり、存在するという働きそのものである。それゆえ、それは動詞的なのである。しかも、この匿名の存在することはあらゆる肯定と否定の彼方にあり、むしろそれらの可能性の場にほかならない。

しかし、ここに到る道は「想像」によるのみではない。「不眠」の経験を使うという方法もある。それにしても、なぜ「不眠」なのか。それは始まりも終わりもない状況をもたらすからである。この状況とは、言うまでもなく、「ある」である。また、この状況を「永遠性」によって表わすこともできる。「永遠性は和らげられることはない。なぜなら、永遠性はその責任を引き受ける主体をもたないからである」(15)。時間の問題を含めて、レヴィナスが「ある」を「永遠の実存の流れ」と表現する理由も以上の点に存する。レヴィナスの卓抜な言い方では、この「ある」の考え方を哲学史の中で探すと、それはヘラクレイトスの流れの神話、二度とつかることができないという流れの神話ではなく、それについてのクラチュロスの解釈、ただの一度もそこにつかることさえないような「流れ」にふさわしい。それゆえ、「永遠の実存の流れ」である「ある」とは、実存者たちの誕生への転換の場所、イポスターズが生じる場なのである。

この転換の出来事、このイポスターズの出来事について、レヴィナスは次のように言う。「『存在する何ものか』の出現は、匿名の存在の只中での真の逆転である」[16]。この逆転とは何か。「存在する何ものか」は多数あるが、それは「自己からの出発」であると同時に「自己への回帰」である。それはどこまで行っても、この自己同一化によって、「モナド」であり、「孤独」である。では、時間はどこに介入することになるのか。それは、イポスターズの出来事、すなわち、あの「逆転」に関わっている。レヴィナスは、この点に関して、『実存から実存者へ』では「瞬間」あるいは「現在の瞬間」の問題として取り上げていたが、『時間と他者』では「現在」によって同じ問題を扱っている。われわれの観点では、瞬間にせよ現在にせよ、「思惟するところのもの」としての身体、また「定位としての身体」が問題であることには変わりはない。現在がイポスターズの出来事であること、またそれが「自己からの出発」であること、それゆえにまた「現在が常に消失」であること、これらは「どこからともなく自己へと到来すること」として定義された「瞬間」に関しても同様である。

実は、この時点で既に、モナドとしての実存者の孤独は破れている。実存者を構成する「瞬間」の非連続の連続は、われわれが既に「現在の瞬間と時間」において示したように、そこに「外」や「他」が介在しなければ成り立たない。時間の問題は、この「外」や「他」の介在という事態なのである。この事態を考える上で、次の二つの時間の区別が重要である。レヴィナスは次のように言う。「ひとが、『私』は最初は一つの実存者ではなく実存することの様態であり、それは厳密な意味では実存してはいないということを理解するならば、パラドクスはなくなる。なるほど、現在や『私』は実存者たちに方向転換し、ひとはその時間を作り上げ、一つの実存者としてもつことができる。そしてひとは、このイポスターズされた時間について、カント的あるいはベルクソン的経験をもつことができる。しかし、それは、この場合、イポスターズされた時間の経験、すなわち存在するところの時間の経験である。それはもはや実存することと実存者との間で図式的に機能する時間、イポスターズの純粋な出来事としての時間ではない」[17]。ここには、きわめて重要な二つの時間の区別が述べられている。一方に、カントとベルクソンの名のもとに語られるイポスターズされた時間、存在者の時間がある。そして他方に、今われわれの求める時間にほかならない、存在と存在者との間をつなぐ時間、イポスターズの純粋な出来事としての時間がある。もちろん、この後者の、境界にあって図式的に機能する時間こそが問題である。

それでは、この後者の時間は存在から存在者への移行をどのような仕方で示すことができるのか。そこに「外」と「他」へと到る道がどのようにして開かれることになるのか。先に指摘したレヴィナスの言い方では、存在と存在者との「間隔を踏破する」ことはいかにして可能か。言い換えれば、「われわれの他人との関係の出来事そのものとしての時間」はいかなる仕方でわれわれに現われてくるのか。しかし、その前に問わなければならないことがある。すなわち、身体は、この孤独とイポスターズの問題において、どのように位置づけられるのであろうか。レヴィナスは、「孤独とイポスターズ」の初めに、孤独に関するこれまでの議論を改めて確認して次のように言う。「孤独がこの研究の冒頭で、実存者とその実存することとの間の解き難い統一性として性格づけられたのは、それが何らかの仕方で他なるものを前提としていたからではない。それは、予め与えられた、他人との関係の欠如としては現われない。それはイポスターズの働きに因る。孤独は実存者の統一性そのものであり、そこから実存が成立するような実存することにおいて何ものかがあるという事実である。主体は、それが一であるがゆえに、単独なのである[18]」。「そこから実存が成立する」というのは、もちろん正確には、実存者が「実存すること」の意味であるが、この孤独はまた「始まりの自由」や「実存者の実存することへの支配」と表現されることになる。要するに、実存者の存在と実存者の孤独とは切り離せないのである。

しかし、この「自由」や「支配」に「弁証法的な反転（retournement dialectique）」が生じる。ここで「反転」という言い方でレヴィナスが表現する事態は、これまでも「逆転」や「転換」などの語で言われてきたことと同義であるが、予めこの事態について触れておくと、それは実存者が実存することへと転落すること、すなわち「回帰」することにほかならない。注意すべきは、このような「始まりの自由」としての「自己からの出発」と「ある」への融即としての「自己への回帰」が「物質性（matérialité）」の問題と結びついているという点である。しかも、この「物質性」の問題は身体のそれと一体である。レヴィナスはこの「イポスターズ」の出来事の二重性、すなわち、実存者の実存することからの始まりとその反転としての実存することへの回帰の出来事に触れながら、「物質性」に関して次のように言う。「実存することは、自己自身と同一的な、言い換えれば単独的な、実存者によって支配される。

しかし、その同一性は単に自己からの出発だけではない。それはまた自己への回帰である。現在は自己自身への不可避的回帰である。実存者の定位の代価は、それが自己から分離できないという事実そのものにある。実存者は自己を養う。この自己を養う仕方、それが主体の物質性である[19]。要するに、「物質性」とは、実存者の「同一性」の問題、正確に言えば、現在の同一性の問題において、この同一性が「イポスターズ」の出来事である実存者と実存することとの二重の関係、出発と回帰の二重の関係から成立するという事実に起因する。レヴィナスはここからさらに、この出発と回帰を「自我（moi）」と「自己（soi）」の関係として捉え、自我は自己に鎖でつながれていると言う。したがって、孤独の存在論的な「根」は、このイポスターズの出来事の二重性にある。つまり、自我が自己へと鎖でつながれてあることにある。

このように、「物質性」の問題は実存者が自分自身から決して逃れられないという孤独の存在論的な問題として考えられている。しかし、『実存から実存者へ』では、これとは異なる側面が見られる。例えば、現代絵画や詩の世界の変形の試みによって露になる物質性の問題などがそれである。レヴィナスは次のように述べていた。「もはや、古典的な唯物論が培ってきた、思惟や精神に対立するような物質、また、その本質を汲み尽くしてそれを可知的なものにする、機械論的法則によって定義され、現代芸術の何らかの形態の中に見られる物質性からは最もかけ離れたような物質、そういう物質とは何らの共通点もない物質性の概念。（中略）一つの使用に供され、背景の一部となる物質的対象は、そのことによってわれわれにその裸の有り様を隠してしまうような形態に覆われている。存在の物質性の発見は新しい質の発見ではなく、存在の形のないうごめきの発見なのである。それによって諸存在が既にわれわれの『内部』に準拠している諸形態の明るみの陰のところで、物質はあるの事実そのものである[20]」。また、この「物質（matière）」としての「ある」と孤独の関係に関しては、同じ著作の別の個所では、「イポスターズ」の出来事として別の仕方で語られている。レヴィナスは瞬間のイポスターズにおける「ある」への回帰に触れた後、次のように言う。「その〔瞬間の〕イポスターズは、あるに融即することによって、自分を、孤独として、一個の自我のその自己への鎖でつながれてあることの決定的なものとして、再び見出す。（中略）我れは、自分の対象に対して、自己に対して、後退するが、このような自己からの解放は無限の試みとして現われる。我れは常に自分自身の実存に足を置いている。すべてのものに対して外部にある我れは、自分自身に対しては内部にあり、自分自身につながれている。それは、自分が引き受ける実存に永遠に鎖でつながれている。このような、自我が自己でなくなることが不可能であるということは、自我の根本的悲劇を、それがそれ自身に釘づけされているという事実を示している[21]」。「瞬間」の「ある」への回帰や「ある」への融即として語られた事態は、『時間と他者』において、今度は、「現在」の自己に対して鎖でつながれてあることとして示される。また、この「現在」の物質的性格については、それが「無限な実存することの横糸を引き裂き」、「今」から出発して到来するがゆえに、「物質性」としての自己自身に関わらざるを得ない点に存する。そして、ここから自己を引き受けるという「責任」が生じる。レヴィナスはこの事態を次のように表現する。「そして、それにもかかわらず、あるいは、それゆえに、それ〔現在〕は自己自身に巻き込まれ、それによって責任を知り、物質性へと戻っていく[22]」。

興味深いことに、『時間と他者』では、「定位としての身体」という概念は現われないが、レヴィナスはこのような「物質的実存」のプロブレマティークから身体の問題に触れる。レヴィナスは、「自我(moi)の自己(soi)への回帰」が単なる反省、純粋な哲学的反省によるものではない旨を指摘した後、次のように言う。「私の存在は一つの所有物によって二重化される。私は私自身によってふさがれている。そして、それこそが物質的実存なのである。したがって、物質性は精神が身体という墓場あるいは牢獄へと偶然落下したということではない。それは、必然的に、実存者の自由のうちにある主体の出現とともにあるのである。このように、身体を、自我と自己との関係の具体的出来事である物質性によって理解することは、身体を存在論的出来事へと連れ戻すことなのである。存在論的諸関係は、脱受肉化された紐帯ではない。自我と自己との間の関係は、精神のそれ自身に対する無傷の反省ではない。何にもましてそれが人間の物質性なのである[23]」。以上のように、身体を物質性によって理解するとは、身体を、「モア」と「ソワ」との、すなわち「自我」と「自己」との関係の「具体的出来事」として、両者をつなぐ「紐帯」として、定義することにほかならない。この自我の自己への鎖でつながれてあることとしての、この鎖を自分では断ち切ることができないという実存者の決定的なものとしての孤独は、この決定的なものが物質性であるがゆえである。すなわち、「我れ」が身体であるがゆえである。レヴィナスによれば、孤独が悲劇的なのはそれが他者の不在だからではない。孤独の悲劇性はそれが自己の同一性に完全に取り込まれ、それが物質だからである。それゆえ、この物質あるいは物質性としての身体の解決されるべき問題とは、先に指摘した、あの二つ目の時間、存在と存在者との間をつなぐ時間、イポスターズの純粋な出来事としての時間において、いかにして「外」や「他」が出て来るかを明らかにすることにある。「境界にあって図式的に機能する時間」にこそ問いかけなければならないのである。

『時間と他者』において、物質の問題は特に重要である。今触れたように、孤独と物質性とは一体である。それゆえ、孤独は「死への存在」の特権的経験というよりも、物質への関心が支配する「日常の生」の問題である。レヴィナスにとっては、日常的実存は「本来の生」からの頽落ではない。むしろ救済は、「日常の生」においてある。そして、われわれの物質への関心は、われわれが「物質性としての孤独」であり、身体である点に由来する。われわれは、どこまで行っても、この「物」としての身体から逃れられないのである。しかし、それは単なる「物」ではない。この身体は「思惟するところのもの」なのである。それゆえ、身体とはまた「感覚」であり、「認識」である。問題は、この「苦しみではなく、パンを気遣う」身体の生に、厳密な哲学的ステータスを与えることである。なるほど、ひとは「パンのみに生きるにあらず」であるが、だからといって「パン」は要らないということにはならない。身体に「パン」を食べさせないと、物質としての身体は死ぬ。われわれは、「身体」の、すなわち「自己」の世話をしないと、死んでしまうのである。レヴィナスの強い表現によれば、それは「動物性」、すなわちエサウの「自己満足の欲求」ということになるが、それを「精神性」、すなわちヤコブの「自己救済の欲求」に対立させることが問題なのではない。むしろ、「動物」の生、すなわち「身体の生」の秘密を解明することである。レヴィナスの「エコノミー」への関心はこのような物質的、身体的生への態度に基づくものであるが、彼の当面の課題は次の点にある。孤独と身体との深い結びつきの解明から、今度は、この作業を通じて、「自我と自己の間の紐帯」を解く道を開くことである。

レヴィナスはこの道について次のように言う。「日常的実存において、世界において、主体の物質的構造は、ある程度までは乗り越えられる。自我と自己との間に、或る間隔が現われるからである。同一的主体は、すぐに自己に戻ることはない[24]」。しかし、予め結論を言えば、この道には、すなわち、日常の生や世界による救済には、限界がある。ただ、注意すべきは、ここで問題になっている、日常的実存における「世界」による救済は、いわゆるハイデガーの「世界内存在」とは別物だという点である。ハイデガーの世界が「道具の体系」であるのに対して、ここで言われているレヴィナスの世界は、道具の連関として示される世界に存在論的に先行する「糧の世界」なのである。対象との関係から言えば、それはまた「気遣い」の世界ではなく、「享受」の世界なのである。レヴィナスはさらに、主体と食べ物との関係としての「享受」の次元から「光」と「理性」の次元にまで、解放の道についての検討を進めた上で、このような「世界による救済」について、あるいは「空間による瞬間的超越」について、改めて次のように結論を下す。「かくして、空間的外部性と諸瞬間相互の外部性との間には、根本的な差異がある」[25]。それゆえ、以前からわれわれが指摘していたように、やはり問われるべきは、「諸瞬間相互の外部性」、従来の言い方では、あの「イポスターズ」の出来事の時間、実存することと実存者の「境界にあって図式的に機能する時間」なのである。

レヴィナスは続いて「労働」の問題を取り上げ、そこに「苦しみと死」の問題を見出す。「神秘としての死」の問題まではあと一歩である。それにしても、なぜ、レヴィナスは、労働の問題から努力と労苦を取り出し、それをさらに苦しみや苦痛、あるいは死の問題にまで拡張していくのであろうか。その答えは、そこに「われわれのあらゆる経験が帰着する自己の自我との内密性に従わない」ものを見ていたからである。では、この「従わないもの」とは何か。レヴィナスは次のように言う。「死という未知なものは、直ちに無として与えられるわけではなく、無の不可能性の経験の相関者なのである。それが意味するのは、死が、誰もそこから帰ってくる者はいないような場所、したがって実際に未知なままであり続けるような場所であるということではない。死という未知なものが意味するのは、死との関係そのものが光の中では生じないということ、また主体が自分から到来するものではないものとの関係の中にあるということである。われわれは、主体が神秘との関係の中にあると言うことができるかもしれない」[26]。かくして、未知なるものとしての死との関係は、神秘としての死との関係として現われることになる。

こうしてわれわれは、孤独の探究という長い道のりの後、ようやく第二節の本題に辿り着いた。では、「神秘としての死」の問題とはどのようなものか。それはまず、主体に根本的受動性をもたらす。この受動性は、「受動性の経験」から区別されなければならない。この死の受動性はいかなる意味でも経験ではないからである。死を経験することはできない。それはまた、把握することも認識することもできない。それゆえ、レヴィナスは死を「神秘との関係」とみなしたのである。「神秘としての死」が語られる所以である。レヴィナスにとって、「死は主体がその主人ではないような出来事、それに対して主体がもはや主体ではないような出来事」である。言うまでもなく、この考え方はハイデガーの「死への存在」のそれとは異なる。レヴィナスによれば、ハイデガーの場合、死は「現存在による実存の最後の可能性を引き受けること」であり、それはむしろ、他の諸々の可能性を、とりわけ能動性と自由とを可能にするものなのである。これに対して、レヴィナスの「神秘としての死」は自由の消滅あるいは絶対的な受動性であり、そこに「絶対的に知り得ない何ものか」が現われているような状況である。

死が現在ではないという理由も以上の点にある。その意味は、死が把握不可能であること、死を引き受けることは不可能であることに存する。死は、不可避的に到来するのである。どこからか。未来からである。それゆえ、死は現在あるいは今ではなく、未来なのである。それでは、このような死はわれわれに何をもたらすのか。レヴィナスは、死がわれわれの力を超えた現実をもたらすのではないと述べた後、次のように言う。「死の接近において重要なのは、われわれが或る瞬間になし得ることがなし得なくなるということである。まさしくそこで、主体が主体としてもつ支配の喪失が生じる」[27]。しかも、この主体の支配の喪失はきわめて重大な事態を招く。それは、「われわれが、もはや引き受けることがないような出来事がわれわれに起こるような仕方で、実存することを引き受けている」ということである。要するに、実存することのうちには、絶対的に引き受けることのできない、死という「他なるもの」が既に混入しているということである。そうであれば、われわれの実存、すなわち孤独は、予め、この「絶対的に他なるもの」によって破られていることになる。そして、こうした事態こそが死のもつ意味なのである。要するに、「死によって、私の孤独が確かめられるのではなく破られる」のであるが、今度は、この「絶対的に他なるもの」との関係である死が、実存者の実存することそのものの中に、「多元性」をもたらす。それゆえ、実存者の実存することは一つではない。もはや、主体による支配や所有だけではない。というのも、これまでは実存者の実存することは単独の主体によって支配や所有として排他的に引き受けられていたが、それに対して、死による、実存者と「絶対的に他であるような何ものか」との関係は、そのような単独の主体が支配や所有といった仕方で引き受けることのできない関係だからである。つまり、この「絶対的に他であるような何ものか」の実存することそれ自体が「他者性」から構成されているからである。この意味で、実存者の「実存すること」は多元的なのである。では、このまるごと他者性から成る何ものかとの関係、すなわち「絶対的に他なるもの」との関係はいかにして可能か。

しかし、この問いに答える前に、この関係をもう少し整理しておこう。レヴィナスは、この「他」との関係を次のように言う。「他なるものとの関係は神秘との関係である。他なるものの存在の全体を構成するのは、その外部性、あるいはむしろその他者性である。というのも、外部性は空間の一特性であり、光によって主体をそれ自身へと還元するからである」[28]。ここには重要な指摘がある。まず、「他」との関係は、実存者である主体がその実存することを支配や所有することのできない「神秘との関係」であるという点である。というのも、この関係において、実存することは他者性そのものとして現われるので、「他」との関係は支配や所有への「絶対的抵抗」とならざるを得ないからである。次に、外部性と他者性との明確な区別である。これまでわれわれは「外」と「他」とを並置してきたが、それらは厳密に区別されなければならない。というのも、「外」は空間的一規定であるのに対して、「他」はいかなる仕方でも主体のそれ自身への関係へは回収されることがないからである。それゆえ、死の問題はあくまでも「他者性」の問題でなければならない。ただし、諸瞬間相互の外部性の場合に関しては、この外部性という言い方は他者性を意味する。つまり、空間的外部性と時間的外部性とは区別されなければならない。

　ところで、死との関係は未来との関係であったが、それはまた「他なるもの」との関係でもあった。問題は、この死によって示される「他なるもの」との関係が、自我が自己を引き受けることの不可能性として現われる点にある。われわれは自分の死を引き受けることはできないのである。しかし、死は間違いなく到来する。それでは、この死の到来を前にして、われわれはいかなる仕方で「自己」であり得るだろうか。「神秘としての死」という他なるものとの関係、この「他なるものとの神秘的関係」の解明は、以上の問いへの解答となるだろう。この関係は、レヴィナスが、「他なるものと他人」において、「弁証法的状況」として語る事態と同じである。「一方で、出来事が、それを引き受けることのない主体に、またそれに対して何らなし得ることもなし得ない主体に到来しているにもかかわらず、しかし、他方でまた、主体がある仕方でその出来事と向かい合っているといったような状況、それが他人との関係、他人との対面であり、他人を与えると同時に他人を奪う顔との出会いである。この『引き受けられた』他なるもの、それが他人なのである」[29]。レヴィナスが『時間と他者』の最後に取り上げる問題は、以上のような「顔」で象徴される弁証法的状況として語られた、他人との非対称的な関係、すなわち他人との間主観的な関係である。死にゆくものと死にゆくものとの関係とはいかなる関係なのか。すなわち、必ず死ぬ身体と必ず死ぬ身体との関係とはいかなる関係なのか。次の第三節において、「エロス」と「多産性」によって、この問題に取りかかることにしよう。

三

間主観性の問題は、『時間と他者』「第四部」において取り上げられるが、レヴィナスは孤独をめぐるこれまでの議論の中で、この問題に関して、とりわけ「エロス」に関しては既に言及していた。それを確認するところから始めよう。それは第三部の「出来事と他者」の個所であるが、レヴィナスは「他なるもの」との関係が「神秘」との関係である旨を述べた後、次のように言う。「したがって、苦しみによって自分の孤独の痙攣や死との関係に到った或る存在だけが、他なるものとの関係が可能になるような場所に立つのである。他なるものとの関係と言っても、それは決して一つの可能性を掴み取るという事実ではあり得ない。その関係を性格づけなければならないのは、光を記述する諸関係とは対照をなす言葉によってである。私は、エロス的関係がわれわれに他なるものとの関係の原型を与えてくれると思っている。エロスは、死とまったく同様に、われわれに、この神秘との関係の分析の土台を与えてくれるだろう[30]」。以上のように、この予告の文章では、エロスの関係は「他なるものとの関係の原型」を提供するものと指摘されている。なぜレヴィナスはエロスの関係を取り上げたのか。言うまでもなく、それが「他」との関係の原型だからである。では、もう一つの間主観性の問題、多産性についてはどうであろうか。面白いことに、こちらの方の記述は見当たらない。しかし、それに相当する記述がないわけではない。それは、第三部「時間と他者」の最後の部分、死によって与えられる未来と現在との関係に触れた個所である。ここでレヴィナスは、死がもたらす間隔や深淵をつなぐ、「二つの瞬間の紐帯」とは何かという問いを立てた後、次のように言う。「未来との関係、現在における未来の現前も、他人との対面の中で成就されるように見える。そうであれば、対面の状況は時間の成就そのものということになるだろう。現在の未来への侵蝕は単独の主体の事実ではなく、間主観的関係である。時間の条件は、人間と人間との間の関係において、あるいは歴史において、ある」[31]。以上のように、多産性という言葉はないが、間主観的関係だけではなく、われわれが示唆した「多産性」と関連した問題、すなわち時間の条件としての「歴史」に触れられている。実は、この歴史の問題こそ、多産性の問題にほかならない。「人間と人間との間の関係」、それも空間的、水平的関係ではなく、時間的、垂直的関係を取り上げるならば、そこには父と子との関係が現われる。「多産性」とはこの「父であること」、言い換えれば、「子をもつこと」の問題なのである。前置きはこの程度に留めて、この節の本題に移ることにしよう。

レヴィナスによれば、時間を理解するためには、未来の観念から始めなければならない。そして、エロスと多産性はその先にある。どういうことか。レヴィナスは「第四部」の冒頭で、始まりが弁証法的状況にあることを強調して次のように言う。「前回の講演で私は、出来事としての苦しみから出発した。この出来事において、実存者は、自分の孤独のすべてを、すなわち実存者の自分自身との結びつきの強さのすべてを、そしてまた実存者の自己同一性の決定的なもののすべてを成し遂げることができた。それと同時にまた、この出来事において、実存者は自分が引き受けることのない出来事との、実存者がそれに対しては受動性であり、絶対的に他なるものであり、実存者がもはや何もできないような出来事との関係にある。この死の将来性は、われわれにとっての未来を規定する。ただし、その未来とはそれが現在ではないという限りでの未来である」[32]。改めて確認すると、以上のような、引き受けることと引き受けないことの二重性、つまりレヴィナスの言う「弁証法的状況」であるが、時間の問題、すなわち間主観性の問題に関しても、それが出発点である。この場合、時間の問題とは実存者の死との関係における未来の問題である。言うまでもなく、この場合の未来は「予期」や「投影」とは何ら関係がない。なぜなら、未来は「現在ではない」からである。時間を理解するためには未来から始めなければならないというのは、そのような未来においてなのである。間主観性について言うには、この問題を通らなければならないのである。

しかし、現在ではない未来から出発して、時間を理解することは可能なのだろうか。確かに、未来は現在ではないとしても、それはやはり何らかの仕方で現在に結びつくのでなければ、時間は成り立たないのではないか。未来を「絶対的に他なるもの」あるいは「絶対的な新しさ」と定義することと、同時にそれを何らの共通性ももたない現在に結びつけることとは相入れないのではないか。しかし、この問いに対する答えは既に出されていた。詳細は省略するが、時間の創造の神秘性やその誕生の本質的新しさを強調する、レヴィナスによる、「死なき」ベルクソンの「持続」概念に対する批判は、その解答の一つであろう。要するに、レヴィナスは、「神秘的」という言い方で、この何らかの仕方での結びつきを「他人との関係」と考えたのである。では、そのような関係はいかにして可能か。

問題ははっきりしている。未来である「死」への「私」の無力さ、いかんともし難さ、絶対的受動性が乗り越えられる仕方を明らかにすることである。それはまた、実存者と実存することとの「孤独」の関係ではない、別の仕方での結びつき方を探究する試みでもある。すなわち、実存者の実存の別の仕方が求められることになる。今、この別の仕方を、レヴィナスは、「他人との関係」に求めたということである。成熟したレヴィナスならば、それを「存在するとは別の仕方で」や「存在の彼方」と言うだろう。しかし、それは既にここにある。レヴィナスはこれまで実存者による「空間的超越」の限界を指摘してきたが、改めて言うまでもなく、求められているのは「時間的超越」である。つまり、時間的外部性、時間的他者性である。では、「絶対的に他なるもの」によって未来を定義するとはどういうことだろうか。レヴィナスはここで非常に興味深いことを言う。「しかし、私の答えは、われわれの文明の水準で捉えられた他なるものとの関係がわれわれの根源的な関係の複雑化であるという点に存する。この複雑化は何ら偶然的なものではなく、それ自体他人との関係の内的弁証法に基礎を置いている」[33]。もちろん、「他人との関係の内的弁証法」は「イポスターズ」の出来事にその「根」をもつ。われわれは今それに触れているのだが、レヴィナスの哲学の全体的プログラムから見ると、たとえ根源的とはいえ、それはほんの一部分にすぎない。文明化を統べる複雑化の過程の全体はこの「内的弁証法」にかかっているが、それが「世界」への超越とは別に、「表現の超越」を基礎としているという点は特に重要である。しかし、この「空間的超越」の一種である表現の超越もまた「他」との関係から成る。それゆえ、ここでの試み、すなわち他者性によって未来を定義するという試みは、レヴィナスの哲学の最も基礎的な課題なのである。

ここで再び、最も基礎的な問題、「他」である限りでの「他」としての未来は、それと全面的に異なる現在にどのように関わるのかという問題に戻ることにするが、レヴィナスはこの問いを「他人との関係」はいかにして可能かという問いに変換し、それを「エロス」的関係によって解こうとする。要するに、時間の絶対的他性との結びつきを、「他人」の「他性」との関係の問題として解こうとしたのである。実はこれが問題であった。いわゆる時間の他性と他人の他性とのアナロジーの問題である。しかし、レヴィナスはこの段階ではまだこの問題について無自覚であった。それゆえ、このアナロジーがいかにして成立するか問われていない。しかし、今は、これ以上は触れないでおく。それにしても、なぜ「エロス」なのか。これもまた重要な論点であるが、レヴィナスによれば、「愛」と「正義」とは異なる。「シャリテ(charité)」としての愛は、倫理や道徳の問題である。他方、正義は公平さの問題である。レヴィナスは次のように言う。「愛と正義との本質的な違いは、愛が他なるものを優先するのに対して、正義の観点ではもはやいかなる優先性も可能ではないという点に由来するのではないか(34)」。レヴィナスにとって、この違いは重要である。「シャリテ」としての愛の関係では、優先されるべきは「私」ではなく「他者」なのである。行為の道徳性が問題になるのは、この「他」に対してなのである。それゆえ、公平性としての正義の問題はこれとは別の次元の問題であり、「他なるもの」との関係というよりも社会的平等性の問題ということになる。この愛の関係のうち、際立って他性が他性として現われる純粋な状況が、「女性的なもの」との関係、すなわち「エロス」的な関係である。この「女性的なもの」との関係について、レヴィナスは次のように言う。「私が思うに、絶対的に対立する対立者、その対立性が自分とその自分の相関者との間で確立可能な関係によって何ら影響されることのない対立者、すなわち、その相関項が絶対的に他に留まることを可能にするような対立性をもつ対立者、それは女性的なものである[35]」。

ただし、レヴィナスがこのように、「他」の「他性」を性差に見ている点には注意が必要である。レヴィナスは、性差に、単に種差性を見ているのではない。むしろ、そこに、エロス的な愛の関係における「二元性」を見ている。女性的なものとの関係は一方の他方による吸収も中性化も相互性も拒否する。それは、「他」が「他」である限りにおいて、初めて成立する関係である。それゆえ、レヴィナスはこの「女性的なもの」との関係を、「永遠に逃げ去るもの」との関係、すなわち、「死」との関係と同様に、「神秘」との関係と呼ぶ。レヴィナスの言うところを聞こう。「この女性的なものの観念が私にとって重要なのは、それが単に認識不可能なものというのではなくて、光から逃れ去るという存在の様態だからである。女性的なものとは、実存において、光へと向かう空間的超越とも表現の超越とも異なる出来事なのである。女性的なものの実存する仕方は自己を隠すことであり、この自己を隠すという事実がまさしく羞じらいなのである[36]」。それゆえ、女性的なものとの関係は初めから所有の、自由の、支配の、力能の、融和の、合一の、コミュニケーションの関係ではない。女性的なものの他者性との関係は、「愛」の関係であり、とりわけ「エロス」的関係なのである。もちろん、「エロス」的と言ったからと言って、それで終わりというわけではない。それが他者の他者性を保証するという根拠を示す必要があるからである。

レヴィナスは、その保証を、感覚としての「接触」とは本質的に異なる、「愛撫」によって提示する。愛撫は単に「他なるもの」に触れることではない。それは、他者の他者性に触れることである。しかし、この試みは常に失敗する。他性そのものは、認識は言うまでもなく、把握することも不可能である。他の身体の「他性」は掴むことなどできないのである。レヴィナスはそれを「到来すべき何ものかとの戯れ」として、あるいはまた「未来を待ち望むこと」として規定する。この事態は「愛」の挫折というものだろうか。なるほど、それは「他なるもの」を把握できないという意味では失敗である。しかし、レヴィナスが初めからそう述べていたように、把握できる「他者」は「他者」ではない。では、他者との関係は不可能なのだろうか。もちろん、否である。それは純粋な無ではない不在との関係であり、そこで他者は「不在としてある」のである。では、「不在としてある」とはどういう意味か。それはあの「イリヤ」、「ある」を思わせる「不在の現前」なのである。このような、「女性的なもの」や「エロス的愛」、すなわち、「他人との関係」の実存することとの結びつきの別な仕方こそが、実存者の孤独を破り、そこに他性への通路を開くものにほかならない。実は、この「他人との関係」が時間を作り上げているものなのである。なぜなら、「絶対的に他なるもの」である未来は、この関係において、現在につながることになるからである。かくして、「私」という愛と官能の身体において、恋する身体において、非連続の連続が成立する。しかし、これで終わりというわけにはいかないのではないか。エロス的愛の二元性や二者性は「私と汝」の関係に終始しており、複数の関係にまで拡がらないのでないか。それはあくまでもエロス的愛であって、シャリテ的、アガペー的愛ではないのではないか。

しかし、前期レヴィナスにあっては、この問いへの解答はない。「シャリテ」と「エロス」との違いを含め、「愛」の問題についての根本的な議論が必要である。レヴィナスの中で、はたして「エロス」から「シャリテ」あるいは「アガペー」への愛の飛躍はあるのだろうか。それらはそもそも次元を異にし、対の世界と共同の世界とをそれぞれ形づくるものではないのかどうか、われわれはさらにレヴィナスに問いかけなければならない。ベルクソンの言葉を借りれば、「閉じた」愛を「開く」ことはいかにして可能か。また、レヴィナスにおいて、開かれた愛は、あるいは「愛の飛躍」は、いかにして可能か。さらには、愛と道徳、あるいは愛と倫理の問題は、いかなる仕方で結びつくことになるのか。

これらの問いを保留したまま、われわれは最後の問題、すなわち「多産性」のそれを検討することにしよう。「多産性（fécondité）」の概念によってレヴィナスが求めているのは、これまでの議論と大きく変わるものではない。問題はやはり「他なるもの」との関係である。この関係においては、一方で「私」は「私」ではあり得ない。しかし同時にまた、他方では、「私」は依然として「私」であり得る。いわゆるレヴィナスの言う、パラドキシカルな、弁証法的な状況である。これこそ「私」と「他なるもの」との関係の原型である。では、それはいかにして可能か。レヴィナスの答えは、「私」が「父であること」によってである。この答えは通常の論理を超えた事態であるが、レヴィナスは次のように言う。「私は、いかなる仕方で、或る汝の他性において、この汝に吸収されてしまったり自己を喪失してしまったりすることなしに、自我であり続けることができるのか。自我は、いかにして、私が私の現在においてそうであるところの自我であることなしに、すなわち自己へと運命的な仕方で回帰する自我であることなしに、それにもかかわらず、或る汝において私であり続けることができるのか。自我は、いかにして、自己と異なるものとなることができるのか。それはただ一つの仕方でしか可能ではない。父であることによってである[37]」。

改めて言うまでもなく、いかなる関係においても、「私」はどこまで行っても「汝」ではない。だからこそ、「汝」は「私」の他者なのであるが、そうであれば、この「汝」と「私」とは無関係であるということになるのか。そうではない。「私」は「汝」に「無-関心」ではあり得ないからである。それでは、「私」が「私」であって、同時に「汝」が「汝」であるような関係とはいかなる関係か。それは、レヴィナスによれば、「愛」、とりわけエロス的愛の関係であった。この他性との関係の原型である「女性的なもの」との水平的な関係は、同時に垂直的な関係に転換可能である。すなわち、「子」との関係である。レヴィナスが「父であること」で考えているのは、「父」としての「私」と「子」としての「汝」との関係である。これが「多産性」の他者論である。レヴィナスは次のように言う。「父であることとは、他人でありながらも私であるような或る異邦人との関係である。すなわち、私と私自身との関係でありながら、それにもかかわらず私とは異なるものであるような私自身との関係である」[38]。

しかし、この「他人」であるが「私」でもある「異邦人」との関係や、「私自身」との関係でありながら同時にまた「私」とは「異なるもの」としての「私自身」との関係、という言い方で、レヴィナスはどのような関係を考えているのだろうか。それはもちろん、因果性の関係でも所有と非所有の関係でも力能の関係でもない。レヴィナスによれば、私は子どもをもつのではない。むしろ、「私は何らかの仕方で私の子どもなのである」。ただし、この場合の「ある」には注意が必要である。そこには、「多数性」と「超越」とが認められる。それゆえ、主語である「私」を分析したからといって、いかなる仕方においても、「子ども」は出て来ない。またこれとは別に、「子ども」は、「私」の悲しみや苦しみのように、「私」において生じる出来事ではない。それゆえ、「私」と私の「子ども」とは同じではない。「子ども」は、たとえ私の「子ども」であっても、「私」とは別な人格なのである。「子ども」もまた、「私」とは決定的に異なる「自我」である。その意味で、「私」と私の「子ども」との関係は「異邦人」との関係である。

しかし、この関係を別の仕方で考えると、やはり私の「子ども」は単に「絶対的に他なるもの」としての他人ではない。それはあくまでも「私の」子どもなのである。では、「私の」とはいかなる意味で「私の」と言われているのか。それは、「私」によって「産まれたもの（génération）」という意味において、「私の」ということである。ここには他の人間としての「他人」とは異なる何かがある。すなわち、

「私」と「他」とを隔てる別の超越がある。「私の子ども」はどこまで行っても「私」ではないという意味で「私」とは異なるものであるが、それは「私」から「産まれた」という意味で「私」への依存なのである。レヴィナスによれば、この「私」への依存において、私の「子ども」はまた「私」ということになる。ただし、この「私の子ども」としての「私」は単なる「自己自身」としての「私」ではない。それは「私」の「他」としての「私自身」なのである。したがって、先にわれわれが引用した、レヴィナスの言葉を用いて、私と私の子どもとの関係を改めて規定すると次のようになる。その関係とは、「私と私自身との関係でありながら、それにもかかわらず私とは異なるものであるような私自身との関係である」。結局、レヴィナスが「父であること」において見出した事態は次のことである。「父であることは、単に息子における父の復活や息子との一体化であるだけではない。それはまた父の息子に対する外在性であり、複数での在ることである[39]」。以上のように、この「複数での在ること」、すなわち多数性と、独特の他性を介した父と子の関係、すなわち外在性や超越とを確保することこそが、レヴィナスが求めた「多産性」の問題であったと言うことができる。それゆえ、レヴィナスに言わせると、「自我の多産性はその正当な存在論的価値において評価されなければならないのであり、それこそが今まで一度もなされなかったことなのである[40]」。

　しかし、話は前後するが、このように多産性によって「存在（実存）する」という動詞に「超越」と「複数性」を認めることは、他の哲学者にあってもこれまでもあり得たのではないか。例えば、ベルクソンの「生の飛躍」はどうであろうか。しかし、レヴィナスに言わせると、そうではない。非常に面白い、レヴィナスによるベルクソン批判なので引用しよう。「芸術的創造と、われわれが多産性と呼ぶところのもの、すなわち産まれることとを、同じ運動において同一視するベルクソンの生の飛躍の観念は、死を考えていない。それは、死を考えるのではなく、何よりも、非人格主義的な汎神論に向かう傾向がある。ただし、この汎神論の意味とは、それがわれわれの弁証法の不可欠の契機である、主観性の痙攣や孤立を十分に示していないという意味ではあるが[41]」。実際にベルクソンの「エラン・ヴィタール」の概念がそうであるかどうかは、ここでは問題ではない。それはまた別の課題であろう。興味深いのは、二人の哲学者を隔てているものが「死」の問題と、もう一つ、主観性の問題であるという点である。なるほど、芸術的創造と発生の問題とは異なる。しかし、どこがどう違うのか。それを二つの運動の違いとして論じる必要があるだろう。この点は留保しなければならないが、それでもレヴィナスが既にこの『時間と他者』において、時間を「父子関係」として、すなわち「多産性」や「発生」の問題において把握していたという点は、銘記すべきであろう。しかし、これは歴史の問題なのであろうか。われわれは、ここから、歴史的身体の問題に移行することができるのだろうか。一つの課題である。

レヴィナスの間主観性をめぐる問題は、「存在論的孤独」、「思惟するところのもの」である「物質性としての身体」、「神秘としての死」、「女性的なもの」をめぐるエロス的愛、そして最後に「父であること」としての自我の「多産性」の概念へと到達した。そしてわれわれは、このようなレヴィナスの論述の過程を辿り直すことによって、いくつかの重要な成果を得た。身体の問題にしぼって言うと、以下のようになる。「物質」あるいは「物質性」としての身体は、「死」という絶対的他性を孕み、「パン」なしには生存できない存在である。それは、将来必ず死ぬ身体であり、時間において、他人との関係において、食べ、活動し、恋する身体である。それはまた「父」であり、子どもをもたらす「産む」身体である。それらはいずれも、多数性と超越とを受け入れるような「存在すること」それ自体の探究であり、「他」である限りでの「他」である「絶対的に他なるもの」との関係の可能性の探究の試みである。結論としては、既に何度か触れたように、存在論的孤独を破る時間とは「他人との関係」、すなわち「原初の社会性」であるということになる。われわれはここに前期レヴィナスの身体論の或る種の到達点を見ることができるだろう。しかし、問題がないわけではない。レヴィナスは『時間と他者』での自分の歩みを次のように語る。「私は死の観念から、女性的なものの観念から始めて、息子の観念に到達した。私は現象学的な仕方で論じたわけではなかった。その展開の連続性は、イポスターズの同一性から、自我の自己への鎖でつながれてあることから出発して、この同一性の維持へと、実存者の維持へと向かいながら、それでいて自己に対する自我の解放に行き着くという弁証法の連続性である。分析された具体的状況は、この弁証法の成就を表現したものである。多くの媒介項がとばされてしまった。これらの状況、すなわち、死、セクシャリテ、父であることといった状況の統一は、これまで、こうした状況が排除した力能の観念との関係においてでしか現われていない[42]」。

最後の一文に端的に現われているように、弁証法的状況の記述はなされたものの、その「統一」は「力能」に対してなされたのみであって、決して十分とは言えない。もちろんレヴィナスはその点を自覚していた。確かに、他者の他者性をいかにして確保するかという課題に対して、レヴィナスの努力は実存者の「実存すること」に「多数性」と「超越」とをもたらすことになった。これは評価できる。しかし、「実存すること」それ自体の二重性だけでは、レヴィナスが最後の最後に言う、プラトンの世界としてのコスモスに対置された「精神の世界」の内実はいっこうに明らかではない。この「精神の世界」と、われわれが追求してきた「身体の世界」とはいかなる関係にあるのか。『時間と他者』の段階において、レヴィナスが「精神の世界」として書き留めたのは、次の言葉である。「そこ〔精神の世界〕では、エロスの諸関係は類や種の論理に還元されることはないのであり、自我(le moi)は同(le meme)に、そしてまた他人(autrui)は他(l'autre)に取って代わるのである[43]」。

最後に、われわれが取り上げた論点に関して、もっと細かく問題点を指摘しておこう。時間の他性と他人の他性とのアナロジーの問題をはじめ、表現の超越を含め、空間的超越と時間的超越との関係、エロスとアガペーとの違い、「シャリテ」としての愛と正義との関係、他なるものとしての他人と同じく他なるものとしての物体との区別等、いくつかの問題が未解決のまま残された。『時間と他者』以降の四〇年代後半のレヴィナスの哲学の動向から最初の主著『全体性と無限』まで、さらにまた、ディアクロニーとしての時間的超越の本格的検討まで、身体の問題をさらに追跡していく必要があるだろう。

註

（1）改めて言うまでもないが、本書第三章、参照のこと。

（2）Emmanuel Levinas, *De l'existence à l'existant*, J. Vrin, 1981, p. 172.

（3）同じく本書第三章、参照。

（4）同上、参照。

（5）Emmanuel Levinas, *op. cit.*, p. 172.

（6）*Ibid.*, p. 173.

（7）Emmanuel Levinas, *Le temps et l'autre*, PUF, 1983, p. 8.

（8）*Ibid.*, p. 11.

（9）Emmanuel Levinas, *De l'existence à l'existant*, p. 174.

（10）Emmanuel Levinas, *Le temps et l'autre*, p. 17.

（11）Emmanuel Levinas, *De l'existence à l'existant*, pp. 159-160.

（12）Emmanuel Levinas, *Le temps et l'autre*, p. 18.

（13）Emmanuel Levinas, *De l'existence à l'existant*, p. 163.

（14）Emmanuel Levinas, *Le temps et l'autre*, p. 20.

（15）*Ibid.*, p. 28.

（16）*Ibid.*, p. 31.

（17）*Ibid.*, p. 34.

（18）*Ibid.*, p. 35.

（19）*Ibid.*, p. 36.

（20）Emmanuel Levinas, *De l'existence à l'existant*, p. 92.

(21) *Ibid.*, pp. 142–143.
(22) Emmanuel Levinas, *Le temps et l'autre*, p. 37.
(23) *Ibid.*, pp. 37–38.
(24) *Ibid.*, p. 45.
(25) *Ibid.*, p. 53.
(26) *Ibid.*, p. 56.
(27) *Ibid.*, p. 62.
(28) *Ibid.*, p. 63.
(29) *Ibid.*, p. 66.
(30) *Ibid.*, p. 64.
(31) *Ibid.*, pp. 68–69.
(32) *Ibid.*, p. 71.
(33) *Ibid.*, p. 74.
(34) *Ibid.*, p. 76.
(35) *Ibid.*, p. 77.
(36) *Ibid.*, p. 79.
(37) *Ibid.*, p. 85.
(38) *Ibid.*
(39) *Ibid.*, p. 87.
(40) *Ibid.*
(41) *Ibid.*, pp. 86-87.

(42) *Ibid.*, p. 87.
(43) *Ibid.*, p. 89.

あとがき

レヴィナスには、苦い思い出がある。メルロ＝ポンティで修士論文を書こうと準備していた頃、仏語の『実存から実存者へ』を手に入れ、たまたま読んだ。まるで歯がたたない。当時、レヴィナスの哲学書を日本語で読めるものといえば、丸山静さんのものぐらいであったと思われるが、それを手に取った記憶はない。一読して、大学院をやめようと思った。テクストが読めないなら、やめるしかない。文章を書くどころではない。何度か試みたが、謎また謎の繰り返しである。間をおいて読むと、少しはましかと思い、こりずに試みた。やはり無駄であった。そのうち、修士論文が一年遅れ、三年目で提出。博士課程に進んだのはいいが、レヴィナスの名前を見ると、また読みたくなる。しかし、読んでは、自信喪失の果て、自暴自棄に陥る。そんなことを何度も繰り返した。或る日、今日読めなかったら本当にやめようと決意し、今度は、虚心坦懐に、短時間で、一気に読んでみた。感激した。『実存から実存者へ』の凄さに圧倒された。哲学書でこれほど動かされたのはほとんどないことであった。以来、レヴィナスの他の著書も読み、深く魅了された。やはり同じ頃、メルロ＝ポンティ研究の参考文献の中から見出した、ミシェル・アンリの『顕現の本質』ともども、忘れ難い一書となった。アンリについては、カフカとパヴェーゼの機縁もあり、早くから文章を書く機会があったが、他方レヴィナスに関しては、論文の中で取り上げるようになるのはかなり後になってからである。もっとも、レヴィナスの場合でも、オブローモフという機縁はあったのだが。

この仕事は、計画的に始めたものではない。本書の第一章の論文「吐き気からイポスターズへ」を書いたのは、二〇一一年初夏である。この段階では、前期（初期）レヴィナスにおける身体の問題として、『時間と他者』まで続けることは考えていなかった。次に書いた「イポスターズと現在の瞬間」まで、三年の空白があるのはそのためである。それゆえ、第二章には、一部重複や繰り返しが見られる。その部分の処理について迷ったが、論考の性質上、手直しは最小限にとどめた。ご容赦願いたい。その後、自分の文章を読み直しながら、このテーマを、すなわち、「レヴィナスにおける身体の問題」を、彼の晩年まで追いかけてみようと考えるに至った。本書を「Ⅰ」として、「Ⅱ」、「Ⅲ」と続けていくと、前期、中期、後期という時代区分になるだろうか。本書は、迷いはあったが、さまざまな事情を考慮して、その前期に当たる分を一冊に編んだものである。したがって、次の目標は、『時間と他者』以後の四〇年代末から『全体性と無限』までである。すなわち、レヴィナス中期における身体の問題ということになる。言うまでもなく、残りは『存在するとは別の仕方で、あるいは本質の彼方へ』を中心にして、それ以降の全部となる。それゆえ、現状は道半ばまでも行っていない。

第二次世界大戦をはさんで、戦前から戦後の一時期、レヴィナスの『実存から実存者へ』と『時間と他者』までを一括りとしたのは、それらがほぼ戦前に出来上がっていたものと思われるからである。けれども、そのなかでも、『時間と他者』には少し違いが見られる。この書物の性格、『コレージュ・フィロゾフィック』での四つの講演に基づいてのものという性格だけではなく、次の段階へのステップが散見されるからである。例えば、「糧」の問題など。もちろん、次の段階への本格的進行の過程に関しては時間を追って慎重に見ていかなければならない。言うまでもなく、それは、次の仕事、「Ⅱ」の持ち分である。出版社の事情も考慮しなければならないが、なるべく早くその機会を作りたいと考えている。もう一つ、本書に関することで触れておかねばならないことがある。先行研究や参考文献への言及がない点である。これは私の我が儘からきている。それは、テクストを虚心坦懐に読んで、これまで培ってきた自分のもっているものだけを頼りに、レヴィナスにおいて考えられたことと考えられなかったことにどこまで迫れるかを試してみたいという願望に基づいてのものである。決して、先行研究や参考文献を軽視している訳ではないことをあえて付言しておきたい。

最後になったが、出版事情の厳しい中、今回も出版を引き受け、編集の労を取られた萌書房・白石徳浩さんに感謝したい。自分で言うのも妙だが、本書のような「地味」な、しかも現在進行中の作品を出版するのは無謀な企てとしか言いようがない。先日見た映画、サム・ペキンパーの『ダンディ少佐』（一九六五年公開）のように、すなわち、予算オーバーでパラマウント社から編集権を奪われ、何だか分からないものになってしまった「怪作」（それゆえヴァージョンがいくつかある）のように、これを書籍化するのは間違いなく一つの冒険であろう。しかも、面白いことに、ペキンパーはその後およそ五年にわたって干されることになり、映画を撮れなかったとのことである。もしかしたら、私も本書の不振で干されて、この続編の出版も不可能になるかもしれない。ただし、ペキンパーはこの干された五年後に本当の傑作『ワイルドバンチ』を世に送り出すことになるのだが。

これもいつものことだが、私の望みはただ一つである。この『レヴィナスにおける身体の問題 Ｉ』が多くの読者をもつことである。

二〇一八年二月　寒い朝に

庭田　茂吉

初出一覧

第一章　吐き気からイポスターズへ

「吐き気からイポスターズ——初期レヴィナスにおける身体の問題——」『哲學論究』第二五号、同志社大学哲学会編、二〇一一年。

第二章　イポスターズと現在の瞬間

「イポスターズと現在の瞬間——初期レヴィナスにおける身体の問題（2）——」『哲學論究』第二八号、同志社大学哲学会編、二〇一四年。

第三章　現在の瞬間と時間

「現在の瞬間と時間——初期レヴィナスにおける身体の問題（3）——」『文化学年報』第六四輯、同志社大学文化学会編、二〇一五年。

第四章　実存者の孤独と間主観性

「実存者の孤独と間主観性——初期レヴィナスにおける身体の問題（4）——」『文化学年報』第六五輯、同志社大学文化学会編、二〇一六年。

■著者略歴

庭田茂吉（にわた　しげよし）

現在，同志社大学文学部教授，博士（哲学・同志社大学）

『現象学と見えないもの——ミシェル・アンリの「生の哲学」のために——』（晃洋書房，2001年），『ミニマ・フィロソフィア』（萌書房，2002年），『〈思考〉の作法——哲学・倫理学はじめの一歩——』（共著：萌書房，2004年），『暗い時代の三人の女性——エディット・シュタイン，ハンナ・アーレント，シモーヌ・ヴェイユ——』（共訳：晃洋書房，2010年），『日常の中の哲学』（萌書房，2018年）ほか著訳書多数。

レヴィナスにおける身体の問題 I

——「ヒトラー主義哲学に関する若干の考察」から『時間と他者』まで——

2018年5月10日　初版第1刷発行

著　者　庭田茂吉

発行者　白石徳浩

発行所　有限会社　萌（きざす）書房

〒630-1242　奈良市大柳生町3619-1

TEL（0742）93-2234 / FAX 93-2235

［URL］http://www3.kcn.ne.jp/˜kizasu-s

振替　00940-7-53629

印刷・製本　モリモト印刷株式会社

ISBN 978-4-86065-122-0